青少年 qingshaonian

最爱玩的想象力
思维游戏

xiangxiangli siwei youxi　　蔡尚芊 编著

本书从大量的益智游戏中精选了一些青少最喜欢的思维游戏，为广大读者提供一个检视自己的思维结构、全面解码知识、融通知识、锻炼思维的自我训练平台。

中国出版集团
现代出版社

图书在版编目（CIP）数据

青少年最爱玩的想象力思维游戏／蔡尚芊编著．—
北京：现代出版社，2011.9（2025年1月重印）
ISBN 978 – 7 – 5143 – 0325 – 4

Ⅰ．①青… Ⅱ．①蔡… Ⅲ．①智力游戏 – 青年读物②
智力游戏 – 少年读物 Ⅳ．①G898.2

中国版本图书馆 CIP 数据核字（2011）第 146323 号

青少年最爱玩的想象力思维游戏

编　　著	蔡尚芊
责任编辑	陈世忠
出版发行	现代出版社
地　　址	北京市安定门外安华里 504 号
邮政编码	100011
电　　话	010 – 64267325　010 – 64245264（兼传真）
网　　址	www.1980xd.com
电子信箱	xiandai@ vip. sina. com
印　　刷	三河市人民印务有限公司
开　　本	710mm × 1000mm　1/16
印　　张	13
版　　次	2011 年 10 月第 1 版　2025 年 1 月第 9 次印刷
书　　号	ISBN 978 – 7 – 5143 – 0325 – 4
定　　价	49.80 元

前　言

　　爱因斯坦说："想象力比知识更重要，因为知识是有限的，而想象力概括着世界上的一切，推动着进步，并且是知识进化的源泉。严格地说，想象力是科学研究中的实在因素。"可见培养和提高我们的想象力是多么重要。

　　提高想象力，往往是从模仿开始的。模仿的过程就是抓住事物之间的外部和内部特点的联系的过程。通过这种联系，逐渐认识事物之间的某些必然的联系特征。掌握了这种方法，你就会自觉地把一种事物和与之有联系特征的另一种事物加以对比，这就是你在想象了。所以，模仿绝不同于抄袭，而是把过去经历的东西通过自己的头脑再现出来，这种再现过程就是想象。

　　提高想象力，要勤于观察、善于观察。一个人的观察能力的强弱直接影响到他的想象力。所谓观察能力就是指捕捉事物和现象的属性和特征的能力。我们想象某事物时，就是捕捉该事物和头脑中经历的事物发生联系的外部或内部的属性和特征，而观察是基础，然后才是想象。居里夫人为了观察镭，曾不顾放射元素对身体的危害；爱迪生为了进行实验观察，几乎变成残废。可见，人类丰富的创造想象是靠不断的观察、积累，靠那种对事物执著的探究精神才培养起来的。

　　提高想象力，要对从事的事业充满热情。热情是进行想象活动的直接动力。捷普洛夫说："一个人的想象活动与其情绪生活是紧密地联系着的……富有创造的想象，永远产生于丰富的感情之中。"在实践生活中，人们往往在情绪激动时闪烁出智慧的火花。青年人比老年人更富于想象力的

前

言

原因，正是在于青年旺盛的热情和情绪容易激动的性格。

提高想象力，要尽可能地博览群书。纵观科学文学发展史，任何一位科学家文学家的成就，都与他们勤奋学习，从而积累下丰富的知识有关。一个人所掌握的知识，有助于他的想象力的展开。随着现代科学的发展，社会各部门的分工越来越细致，社会各知识领域广泛紧密的联系和交流，为人类的想象力打开了前所未有的广阔天地。

提高想象力，要注意培养多方面的爱好。广泛的爱好和多方面的兴趣可以使人思路开阔，想象也就有了广阔的天地。世界是复杂多样且彼此相关的。多方面的爱好，各种知识可以互相补充，互相启发，取长补短。

提高想象力，要注意提高自己的文学艺术修养。诗人和画家常被认为是最富有想象力的人。他们正是通过丰富的想象力，为我们描绘了一幅幅形象生动的生活场景。所以向文学艺术学习想象力是非常有益的。几乎所有的心理学家都强调文学艺术修养对培养提高想象力的重要价值。苏联心理学家捷普洛夫说："阅读文艺作品……这是想象的最好学校，这是培养想象的最有力的手段。"

本书为您提供的是一种培养想象力十分有趣的方式，它让您在游戏中不知不觉地提高想象力。想象分为创意想象、情境想象、空间想象、发散想象、图形想象、假设想象、原型想象、再造想象等许多类别。我们在编写本书的过程中，就是通过各类思维游戏来全方位地培养和提高我们的综合想象力。

在奇妙有趣的思维游戏中，激发想象力，请您展开想象的翅膀自由飞翔吧，您将在快乐中抵达一个妙不可言的绚丽世界，为您的事业打开新局面，为您的生活开辟新天地。

目 录
Contents

情境想象类游戏

空间想象类游戏

目

录

青少年最爱玩的想象力思维游戏

目

录

创意想象类游戏

面试夺魁

有一位小姐去参加一个公司的面试，她以为自己去得很早，可到那儿一看，前面已经排了很多人了，这家公司又只招收 3 人，看情形成功的机会已经非常小了。

这位小姐灵机一动，找出一张纸来，在上面匆匆地写了一行字，把它交给负责接待的先生说："这张纸条非常重要，请您一定交给老板。"负责接待的先生照办了。

好不容易等到面试了，老板在里边主持面试，这位小姐非常轻松地回答了老板的问题。最后老板拿出她写的字条说："您的真实水平大约和我期待的一样。"结果，这位小姐战胜了众多应聘者，终于如愿以偿。

您能猜测出这位小姐在给老板的字条上写了什么吗？

马克思的求爱妙招

有一天，马克思和燕妮又在一起约会了，像往常一样，尽管他们双方都非常钟情于对方，但是，谁也没有勇气先开口。最后，还是马克思鼓起勇气，对燕妮说："我最近交了一个非常好的女朋友，准备与她结婚，但是，不知道她同意不同意。"燕妮听了这话以后不由得大吃一惊："什么，你已经有女朋友了！""是啊，我与她的交往已经很久了。"接着，马克思又说："我这里有一张她的照片，你想看一看吗？"这时候，燕妮非常痛苦不安地点了点头。

于是，马克思拿出了一只精致的小木匣子递给燕妮。燕妮接过来以后，双手颤抖地打开木匣子，可她一下子就呆住了，不由得羞红了脸庞，愣了好一会儿才回过神来，于是扑到了马克思的怀里。

你知道马克思的小木匣里有什么吗？

相亲相爱的数

小李和小赵是一对恋人。在小李生日的那天，小赵送给她的生日蛋糕上有两个出众的数字：220 和 284。

小李不明白是什么意思。小赵告诉她：它们是一对相亲相爱的数字，表示："你中有我，我中有你。"并告诉她，让她看这两个数的约数，但是小李还是看不明白。你能看出来吗？

分辨生熟鸡蛋

小文不小心将煮熟的鸡蛋与生鸡蛋放在一起。从外表也无法分辨，请想个不打破鸡蛋就能把生鸡蛋和熟鸡蛋区分开来的办法。

读书时间

快要期末考试了，妈妈对小明说："这一个星期，你每天都要读书，而且每次至少要读 2 个小时。"

小明特别讨厌读书，但没有办法反抗妈妈，只好每天咬牙读书，不过他想到了一个办法，结果浑水摸鱼，一星期下来，少读了不少小时。请问，他这个星期最少读多少小时的书？

小·仲马机智讨债

小仲马的《茶花女》写成后，法国一所著名剧院的老板找到他，请求他把这个剧本出让给他，并答应如果前 26 场能卖出 6 万法郎的票，就给小仲马 1000 法郎的高额稿酬。小仲马答应了。剧本上演后，每场都是爆满，演出获得了很大成功。

26 场演出完后，小仲马向老板索要他的报酬，但老板却抵赖说只卖出了 59997 法郎的票，因此最多只能给小仲马 100 法郎的报酬。

小仲马听了，一言不发地走了出去，很快又回来了，他拿出一件十分简单的东西，放在老板面前。老板一看，傻了，没想到小仲马来这么一招，于是只好乖乖地付给小仲马 1000 法郎。

小仲马拿出一件什么东西，使老板乖乖就范呢？

拿破仑巧测河宽

1805 年，拿破仑率法军进攻奥地利。两国在莱茵河两岸开战。

拿破仑想用大炮猛轰对手，可是，对这段莱茵河究竟有多宽却不知道。不知道距离，就不可能调整好大炮，从而准确地命中目标。

要知道河的宽度，最有效的方法当然是实地测量，可在当时的战争情况下，是绝对不可能的。

这一天，拿破仑站在河岸上，他已经思考了很长时间，一直也想不出什么好办法。当他再一次向对岸望去的时候，却突然发现莱茵河对岸的边缘线，正好与自己所戴的军帽的边缘在同一条直线上。这个现象立即引起了他的注意，于是，他一步一步地向后退，一直退到自己帽子的边缘与河的这一岸边缘完全吻合为止。这时候，他立即命令人丈量从这里到他原先站立处之间的距离。拿破仑知道，这个距离，就是莱茵河的实际宽度。不久以后，法国炮兵按照拿破仑提供的数据调整好大炮，向对岸的奥地利发动了猛烈的进攻，炮弹果然准确地命中了目标。

拿破仑测量莱茵河的宽度用的是什么方法？

为国王画像

从前，有个国王，瘸了一条腿，瞎了一只眼睛。他想得到一张称心如意的画像，便召来三位著名的画家为他作画。一位画家把国王画得仪表堂堂，气概非凡，特别是把两只眼睛画得炯炯有神，把两条腿画得健壮有力。国王一看，很不满意，气愤地说："睁着眼睛胡画，肯定是个拍马逢迎的骗子。"

第二位画家把国王画得惟妙惟肖，简直像国王本人一样，瞎眼瘸腿一目了然。国王看过大发雷霆，把画像踩在脚下吼叫起来。

第三位画家十分从容地画好了，发怒的国王一见到这张画像，顿时转怒为喜，连声称赞画得好。

第三位画家是怎样画的呢？

最快用什么装满屋

有一位老人住着两间房子，他只住了其中一间，而另一间空荡荡的，什么家具也没有。

有一天晚上，老人的三个儿子来看他。不巧，儿子们刚来就停电了。老人点起蜡烛，把三个儿子叫到身边。

"你们谁愿意搬来和我一起住？"老人问三个儿子。

三个儿子都争着说愿意。

"这样吧，你们谁能最快地把那个空屋子用什么东西装满，我就让谁搬来住。"

小儿子最机敏，他最先采取行动，很快就用一种东西把那间空屋子装满了。

他采取了什么行动呢？

王子巧问得公主

塔莎公主自恃美丽无人能比，所以挑选丈夫时异常严格，聪明的和英俊的都不能算合格，这个人还必须能说难题难住公主，结果引得无数青年为此竞折腰。

溪里王子长得不是很英俊，但为人善良、正直而又聪明，他闻讯后打算教训一下这个傲慢的公主。于是，他来到公主面前，向她提出了一个问题，结果公主一句话也没说上来，只好实现自己的诺言，答应了婚事。

请问：王子问的是个什么问题呢？

邻居施计争家产

有一位老人快要死了，在财产分配上还没有找到方法。临终前，他对两个儿子说，你们两个人骑马到东面的河前，然后再回来，谁的马跑得慢，家产就归谁。两个儿子骑马出去缓缓而行。一个邻居觉得很奇怪，上前问明原因后，他告诉两个人一个方法，于是这两个人便骑马飞速向东河赶去，唯恐落后。

你知道这个邻居说了一句什么话吗？

新娘夜半擒小偷

午夜，新娘子彩华从工厂下班回来。到家开灯后，见丈夫已睡熟了，也就没再打扰他。新娘子一边脱大衣，一边从五斗柜上拿起一把木梳，走到床对面的橱柜前，对着穿衣镜梳起头来。

正梳着，她猛然吃了一惊，因为在镜中她清楚地看到床下有四只脚。

他们一定是小偷！怎么办？这夜深人静的，丈夫又睡得这么死，就算叫醒了他，恐怕也制服不了心狠手辣的两个坏蛋啊！

新娘子见五斗柜上有只热水瓶，她眼珠一转，一想有了！她做出一副想倒开水喝的样子，摇摇水瓶，空的，于是发火了。

"砰"的一声，热水瓶被她摔得粉碎。

"做啥？做啥？"新郎小宋被爆炸声惊醒了。

"叫你冲开水为啥不冲？啊！才结婚就架子十足啦！"新娘子吵开了。

小宋莫名其妙地想，五斗柜上的花壳热水瓶本来就是装饰品，不冲开水的！况且厨房里明明有开水。小宋朝外间指一指，也不多说，又钻进被窝了。

"砰！"新娘子又摔坏了一只杯子。

"让你睡，让你睡！你狠心哪，我走，我走！"说罢新娘子拎起皮箱就朝外走。

小宋一看事情竟然弄僵了，急忙爬起来，"哒哒哒"追了出去。

开了门，新娘子却又不走了，她把皮箱一摔，倚在门框上大哭大闹起来，吵着非要离婚不可！

你知道新娘子这样做的目的是什么？

男人的面子

一个男人在家中和妻子打架，脸被抓了几条伤痕。他必须上街，但又怕别人猜测到他与妻子打架而丢面子。你能想到他是怎样上街的吗？

巧进城堡

有一座城堡，堡主下了一道命令，不许外面的人进来，也不许里面的人出去。看守城门的人非常负责，每隔十分钟就走出城门巡视一番，看看是否有人想偷着出去或进来。詹姆斯有急事要进城去找他的朋友商量，可是看守城堡的人又那样认真，怎样才能趁守门人不注意时，偷偷进入城堡呢？詹姆斯想到一条妙计，顺利地进入城堡。

你知道詹姆斯是怎样做的吗？

花瓣游戏

两名女孩摘了一朵有 13 片花瓣的圆形花，两人轮流摘掉一片花瓣或相邻的两片花瓣。谁拿走最后的花瓣就是赢家，并以此来预测未来的婚姻是否幸福。

然而，实际上只要掌握一定技巧，便能让自己永远都是赢家。请问，该如何在这场游戏中取胜呢？先摘还是后摘？应采取什么技巧？

巧读经死囚不死

400 多年前，英国有个名叫阿奇·阿姆斯特朗的惯盗，一次因盗窃王室珍宝而被詹姆斯侦探抓获，法庭判他偷盗罪并处以极刑。

当时英国国王是詹姆士六世，他在位期间因钦定《圣经》而闻名，同时还善于倾听臣民的意见。罪犯阿姆斯特朗得知詹姆士六世有这么个特性后，就想出了一个求生的主意。他对狱卒说：

"听说国王钦定的英译《圣经》已经完成了，我到现在还没有见过《圣经》，作为对世界最后的留恋，我想把《圣经》读完后再死，请求您替我向尊敬的国王说说看。"狱卒把这件事报告了上级，然后，这件事就传到了国王耳朵里。

"满足他的愿望吧，在他读完《圣经》之前，暂停执行死刑。"

经国王的许可，崭新的《圣经》送到了阿姆斯特朗手上。接过《圣经》后，他对老对头詹姆斯侦探讲了自己的阅读计划，詹姆斯顿时醒悟了。原来国王上当了。

实际土阿姆斯特朗借此计划取消了自己的死刑判决。他的计划是什么呢？

干旱减少的原因

有一种说法：美国的南北战争，导致了世界上许多国家和地区的干旱情况减少发生。这到底是为什么呢？

不"受伤"的苹果

卡洛儿总是喜欢做一些稀奇古怪的事情，也喜欢问别人一些稀奇的事情。昨天中午，他问在一起吃中饭的同事：若把一个苹果系在一根 3 米左右长的线的一端，另一端系在高处，你能够在剪断这根线的时候，保证苹果不会落地"受伤"吗？

强悍的老板

有一天，在公司会议上，韩老板对他的员工说："我可以打败在这里工作的所有的人。"话音刚落，一个身高 190 厘米、曾经做过职业拳击手的新员工就站起来，要和老板较量较量。

这个老板会怎么做？

用肉喂马

一个冬天，一名青年骑马赶路，途中遇上大雨，当他来到一家小客店时，浑身已经湿透，冷得直发抖。但客店里挤满了人，他无法靠近火炉。

于是他对店主大声说道："老板，请拿点肉去喂喂我的马。"店主奇怪地问："马不吃肉呀？"青年则说："你只管去喂就行了。"店主只得拿着肉出去喂马。你能猜出这个青年为什么要这样做吗？

🔍 深洞救小鸟

小明在沙滩上发现一个很深的洞，可能是钻探人员挖的。有一只小鸟掉进了洞中，这个洞大约有 1.5 米深，所以小明无法用手抓小鸟上来，而且也不能用两根长棍子夹，这样小鸟可能会受伤。那么，有什么办法可以把小鸟救出来吗？

🔍 发现保鲜技术

巴斯德认为，一种良好的结果虽然不是事先谋就的，但完全可以由"果"探"因"，并思考如何沿着这一思路，扩大战绩，以求获得一系列相关成果，这种思维就是关联思维。

法国的生物学家、化学家巴斯德一直被葡萄酒在贮存过程中会变酸的问题困扰着。他曾想过许多办法，却都无法解决。

后来，他经过多次反复研究证明，葡萄酒变酸的原因是发酵器中的一种细菌在起作用。可是，如果简单地将葡萄酒用火煮沸杀菌，又肯定会影响葡萄酒的质量。

于是，如何既消灭细菌，又不影响葡萄酒的质量，就成为一个非常难以解决的问题。巴斯德使用了好几种方法，都没有得到理想的效果，他变换了好几种抗菌的药物也无法达到预想的目的。经过一次又一次的试验失败以后，他几乎失去了信心，于是只好暂时放下这项工作。

这一年冬天的一个周末，巴斯德请了几位朋友来家中做客，由于天已变冷，巴斯德出于对朋友的健康考虑，就将大家都十分喜爱的葡萄酒倒在铜壶里，然后放在炉子上稍稍加热以后才让朋友饮用。这一次，热情的巴斯德温热了许多葡萄酒。尽管朋友们开怀畅饮，却没有喝完。朋友走后，巴斯德将剩下的酒重新装进瓶子里，后来也就慢慢地忘了这事。

到了第二年夏天，巴斯德突然想起了这些酒，以为一定早就变质了。可当他打开的时候，竟惊奇地发现，这些酒居然一点也没有变质！巴斯德后来成立了葡萄酒保鲜研究所，进一步开发保鲜技术。这样一来，一个困扰着葡萄酒行业的难题终于全面彻底地解决了。这个保鲜技术的发现，不仅挽救了葡萄酒业的生产，同时也给各种饮料行业带来了勃勃的生机。

请问，巴斯德发现了什么保鲜技术？

 训练公鸡选宰相

印度的乌贾因国王想找一个最聪明的人来做宰相。这时，他听说某村有一个叫罗哈克的年轻人聪明绝顶，便想选该年轻人做宰相。为了考核年轻人的智慧，他叫人给年轻人送去了一只公鸡，要求罗哈克把公鸡训练成一只好斗的公鸡，但不准使用别的公鸡。你能想出罗哈克怎样做到国王的要求的吗？

 放风囚徒的谜题

有 100 个无期徒刑的囚徒，被关在 100 个独立的小房间里，互相之间无法通信，但他们每天都会有一个囚徒可以出来放风，但这个可以放风的囚徒是从 100 个囚徒中随机抽取的。在放风的院子里有一盏灯，囚徒可以打开或者关上，除囚徒外，没有别人会去动这盏灯。每个人除非出来放风，是看不到这个灯的。

有一天，国王来巡视这个监牢，他决定大赦这批囚徒，但是有一个要求，就是如果某一天，某个囚徒能够明确表示，所有的囚徒都已经出来放过风了，而且的确如此，那么所有囚徒都将被释放；如果仍有囚徒未出来放过风，那么所有的囚徒将一起被处死。

国王给了这批囚徒 1 个小时的时间讨论。你能想出一个合适的方法，帮助他们吗？

怎样卖电器

在一些欧洲国家，星期天卖某些商品是违法的。像报纸、水果这种有时间性的、易变质的商品可以出售；然而像图书和电器等在短期内不会失去效用性的商品，则不允许销售。商店应该怎么做才能在星期天把两种商品都合法地卖出去呢？

神枪手

有一个士兵，刚学会开枪。现在他用眼罩把眼睛蒙上，手中握一支枪；连长让他把帽子挂起来，再向前走 40 米，然后反身开枪，要求子弹必须击中那顶帽子。结果这个士兵果然一下子就击中了目标。你知道他是怎么做到的吗？

畅游世界

季明是个旅游迷，每到休假日他就背着行囊，拿上相机，云游天下。年度的休假日又快到了，季明又盘算着到哪去走走。

"国内走了不少地方了，如果能到国外去看看就好了。"季明带着向往的神情说。

"季明，我有个舍不得告诉别人的妙计贡献给你，按照我的做法，你就可以畅游全世界而不受任何阻拦。"朋友说。"是吗？快告诉我！"

请猜猜，季明的朋友说出了什么样的妙计。

书生与暴徒

从前，有一暴徒自以为自己的力气很大，无所不能，常常是一副不可一世的架势。这天，他正在众人面前吹嘘自己如何了得，过来一个书生，要和他挑战。

书生说："今天咱们来比一比，如果你赢了，就算你本领大，我还会给你 10 两银子；如果你输了，以后你就不要摆你那个臭架子，而且还要给我 10 两银子。"

暴徒一想，有什么怕的，就答应了。

书生说："今天咱们不比别的，就比坐，我找个地方坐下去，如果你能坐到我坐过的地方，你就赢了。"暴徒同意了。

书生就当着众人的面，找个地方坐了下去。暴徒一看，目瞪口呆，只好认输。聪明的读者，你猜书生坐到了什么地方呢？

多钱便是赢家

一次轮盘赌的大赛到了关键时刻，玛丽女士现居第一名，赢得了 700 个筹码；卡尔先生赢得了 500 个筹码，居第二名。其他人都输掉了很多，现在只剩下这两个人来一决胜负了。

最后一局开始了，玛丽女士犹豫着，是要把手中的筹码押在"偶数"还是"奇数"上呢？如果赢的话，筹码就可以翻倍。

而这时，卡尔先生已经把所有的筹码都押在了"3 的倍数"上，赢的话，筹码就可以翻成 3 倍，还有可能反败为胜。

这时，玛丽女士应该怎么做，才能保持住第一名呢？

选择死法逃脱死刑

从前有一个人触犯了法律，被国王判处死刑。这个人请求国王宽恕，国王说："你犯了死罪，罪不能赦；但我还是允许你选择一种死法。"这个人一听，非常高兴地选择了一种死法，而国王一言既出，驷马难追，看到这样的结果只好无奈地摇了摇头。

请问：这个人到底选择了一种什么死法那么高兴呢？

保命的问题

有三个强盗分赃不均，决意进行火拼。这时三个人正好站在边长为 1 米的正三角形的顶点上。每个人手中都有一把枪，枪中都有一发子弹，而且每个人都是神枪手，都不会失手。

如果你是其中的一个人，你要怎么做才可能活下来？

巡抚选人才

相传，有一位巡抚奉旨到各地选拔人才。但由于有人泄密，在他所进行的初试中，有 9 个人的成绩是相同的，并列第一名；还有一个农家书生的成绩稍微差一些，为第二名。

巡抚知道其中有诈，就决定复试。他把这 10 名考生叫到内堂，每人发给 100 粒谷种，让他们回家播种，以秋后的产谷数量来定。

转眼到了收割的季节，9 名考生让家人背筐挑担地来交谷子。只有那第二名的考生，一个人捧了个小钵过来。

到他上交时，巡抚问："你为什么只收了这么点谷子呀？"

书生不安地回答："您给我的 100 粒谷种中，只有 3 粒发了芽，所以只能收这么多。"

其他人哄笑起来，但巡抚却以赞许的眼光看着这个农家书生。

聪明的读者，你知道这是为什么吗？

石匠巧智得黄金

有一个财主，自以为自己读了很多书，就见识广博、无所不能。于是，他对乡里邻居说："如果你们谁能由于说谎话，而让我说出一个'谎'字，我就把我的一半财产分给他。"

为此，很多人议论纷纷。有一个小孩子跑来对财主说："我父亲有根拐杖，夜里伸到天上去，能把星星打下来。"

财主说："这有啥稀罕的，我这有个烟袋，抽烟的时候，总是伸到太阳上点火呢。"

小孩子惭愧地走了，此后，很多人来考财主，都失败了。

有一个石匠听说了这件事，他决定来好好整治一下财主，就对财主说："老爷啊，你家这房子是我盖的吧。"

财主刚想说石匠在撒谎，但他忍住了，说："是的。"

石匠又说："我是来问你讨工钱的，你还欠我 100 两黄金的工钱呢？"

财主傻眼了，思索了一会，忍痛给了他 100 两黄金，打发石匠走了。

聪明的读者，你知道为什么财主傻眼了呢？

获得最多的金币

国王对有功劳的大臣说："我决定犒赏你们，我在这个瓦罐里面放了 101 颗重量、大小、质地、触感都一样的圆球。有 51 颗是黑色的，有 50 颗是白色的。现在我让你蒙上眼睛来取圆球，数目不计，如果你拿出来的圆球正好是黑白对半，我就赏你和圆球同样数目的金币。但如果你取出来的数目不同，就得不到金币了。"

大臣旁边的侍从偷偷对这名大臣说："你只要拿两颗，就有 50% 的概率赢得金币了。"但是，除此之外，有没有更好的方法呢？

小偷与恶狗

有一个小偷探得一个别墅中午时分没有人在家，就准备入室行窃。那一家的围墙有 150 厘米高，但只能经过一条小径进入。

不幸的是，有只凶猛的狗被一根链子拴在一颗大树上，而别墅的门窗都在恶狗的势力范围。但这个小偷还是绕过了恶狗进入了室内，他是怎么做到的呢？

小·测试模特露馅

美国牙膏业模特贝蒂·艾伦小姐美丽过人，可谓一笑千金。她盯上了眼前这位来自远东某国的富商阿布卡袋中的珠宝，并决定掠为己有。

当晚8点30分，他们一道住在美人馆，并让旅馆服务员把点心送到房间来，从而吹响了销魂之夜的序曲。

他们点了一大盘海蟹和一大盘草莓饼，饼上涂有苹果酱。餐桌上的银制餐具不时地发出碰击声，贝蒂·艾伦目光深沉，若有所思地看着阿布卡用餐叉吃着蟹肉和草莓饼，她的嘴角悄悄抹过一丝微笑。

30分钟后，当旅馆服务员进门准备收拾餐具时，发觉这一对男女都倒在座位下的地毯上。服务员急切地打电话找医生，却惊动了正在该旅馆的波洛探长。

医生赶来现场抢救。贝蒂·艾伦首先苏醒过来，她茫然地看看四周，张大了嘴巴，露出一排洁白光亮的牙齿，好像什么也不知道的的样子。阿布卡仰面躺着，昏迷不醒，不停地打着嗝。

"一定是谁看中了阿布卡的珠宝，在我们的饭菜里做了手脚。"这位女模特假装伤心地指着餐桌盘子中剩下的碎末说："我眼看着阿布卡倒了下去，刚想去扶他，只觉得眼前一片漆黑，什么也不知道了。"

波洛探长说："如果你真的吃了这些有毒的蟹肉和草莓饼，那么就会发生你刚才所讲的一切。"

贝蒂·艾伦睁大孩子般的蓝眼睛，表示她不懂波洛探长的话。

"如果你没有吃过这些东西，那么在30分钟内你完全可以做许多事情。"

贝蒂露出委屈的样子，发誓说她和阿布卡吃了相同的东西。

"这很好办，"波洛探长说道。"我们马上就可以实验一下。"

"难道你们要化验我的大便？"

"那倒用不着，有一种比这简便很多的办法。"

请问，波洛探长为什么怀疑贝蒂·艾伦？他准备用什么方法验证贝蒂是否进食？

窃贼妙计避祸

有一帮窃贼打开了一家大卖场的仓库大门，正把从仓库偷出的电视机搬上小货车。这时，他们听到警车的警笛声越来越近，他们没有办法躲开或者跑得比警车还要快。但他们用了一个方法，躲过了劫难，他们是怎么做的呢？

 ## 聪明的孩子

有一个村落里的人们喜欢打赌比赛说谎，看谁能够骗得了谁，其中有一个人以素来不会上当而出名。有一天，在这个人又胜利后，一个小孩子对他说："我有办法可以骗得了你，你相信吗？"这个人不相信，于是小孩子说："我的方法在书本里面，你等我回去翻翻书。"这个人同意了，小孩就立刻回家找方法了。

你能想出这个小孩子将怎么让这个人上当吗？

智力学校招生

从前欧洲有一个很出名的智力学校，从学校毕业出来的人都特别聪明，而且大都成就了一番事业，所以当时很多人都想成为这个学校的学生。但学校的入学考试特别严格，有一届考试是这样的：把所有的考生关在一个大屋子里，每天有很不错的吃喝，但门口有考官把守，谁能第一个出了这间屋子，将被学校录取。

于是有人说父亲病重要回去照顾，考官就把他父亲从家中接来；有人说自己病重，考官就请来医生……这里的考生提了很多的理由，但是考官就是没有让人出去过。这时有一个人对考官说了一句话，考官就放他出去了，结果他被录取了。

你知道这个人说的是什么话吗？

买东西不花钱

老张被困在了欧洲的一个小国的边境线上，他身上只剩下了 1 美元，他要在这里等到自己的签证才能离开。这个小国家的货币是拉索，1 拉索等于 100 拉分。这个小镇上有两个商店，一个商店里 1 美元等于 90 拉分，另一个商店里 1 拉索等于 90 美分。

老张在这个小镇上又住了 10 天，最后他还剩下 1 美元。这些天中他没有额外的收入。

那么他是怎么生活下来的呢？

巧取宝石

在一个 3 米见方的地毯中央，有一个竖立的酒瓶，瓶口上放了一颗硕大的宝石。如果不能踩到地毯上去，也不能借助于别的工具碰翻酒瓶就把宝石抓出来。那么，你有没有什么办法呢？

能力有别

有一个神射手教了三个徒弟，这三个徒弟的性格各异，学习都很认真。有一天，他把三个学生叫到一个空旷的场地上对他们说："你们前面 100 米的桌子上放着一个盘子，盘子里有三个梨，如果要你们用箭把三个梨都射掉，你们想想，该用几支箭？"

大徒弟想了想说："我要用三支箭。"二徒弟说："我用两支就够了。"三徒弟说："我用一支就可以了。"他们三个人按自己的说法进行了试验，都成功了。

你知道他们都是怎么做的吗？

创意想象类游戏

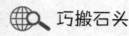

巧搬石头

清朝年间，一日天降大雨，大路边有一家豪宅的墙壁倒塌，塌下来的一块大石头正好滚到路的中央。这天慈禧太后按例要去庙里进香，正好要经过这条道路。当务之急是要把这块大石头搬走，但因为场地泥泞，一时找不到合适的工具，石头怎么也搬不动，这把大臣们都急坏了。这时，有个人出了一个办法，解决了问题，你知道这是什么办法吗？

莫扎特巧弹曲

莫扎特是一个神童，很小的时候就学会了谱曲和弹琴。有一天，他谱了一个曲子让他的老师看，老师看后觉得很好，但演奏的时候发现一个地方是无法演奏的，他指着那个地方对莫扎特说："当演奏到这里的时候，我的双手分别弹到了钢琴的两边，但是这里有一个音符是在钢琴中间的，我又没有第三只手，怎么可以弹奏呢，所以你这里一定要改一改。"

莫扎特笑着说："这里不用改，我可以弹出来的。"

老师不信，于是他就弹奏给老师看。你知道他是怎么弹奏的吗？

最安全的地方

有一个窃贼去动物园偷东西，在没有偷到东西的情况下把关动物的笼子全打开了，狮子和老虎都跑了出来，很多动物在动物园中跑来跑去，很是危险。现在需要找一个安全的地方躲起来，等动物管理员把动物制服后再出来。

在这个时候，哪里是最安全的呢？

不敌小孩的预言家

哈桑是生活在印度的一个预言家，他经常在大众面前吹嘘自己的预言能力没人能比，他说自己可以通过预言来预知世界上所有的事情。

但是，有一天，一个10岁的小孩用一句话就打败了他。小孩儿对哈桑说："我在一张纸上写了一件事，它在3点钟以前可能发生，也可能不发生。如果你认为这件事会发生，就在另一纸上写'是'；如果你认为它不会发生，你就写'不'。要是你写错了，那你就得在众人面前承认自己是个骗子。"

那么，小孩子究竟要怎么写才能赢得这次挑战呢？

 ## 自食其果的仙人

住在力比多仙岛的仙人多利是整个岛上最有能耐的人，他的法术无人能比，因此他很骄傲，看不起岛上的其他仙人。有一天，他当着所有仙人的面用轻蔑的语气说了一句话："力比多仙岛的人从来不说一句真话，这真是可耻。"结果自此之后他再也不敢自高自大了。

请问：多利为什么会突然有这种转变呢？

苦恼的鲨鱼

鲨鱼抓住了双胞胎姐妹中的妹妹。

鲨鱼对姐姐说："你说我会不会吃掉你妹妹啊？答对了，我就把你妹妹放走。"

姐姐说了一句话，鲨鱼回了一句话并不得不把妹妹放走了。

请问：

1. 姐姐说了什么？

2. 鲨鱼又说了什么？

无聊与有趣

标有"无聊的人"的房子里住着所有宣称很无聊的人，而就在它旁边标有"有趣的人"的房子里则住着所有宣称很有趣的人。但过了一段时间以后，"无聊的人"的房子里的所有的人都跑到了"有趣的人"的房子里。请问：这究竟是怎么回事呢？

机器人辩证

在一个全都是机器人的工厂中，机器人分两类，一类机器人发生故障后可以自我修理，另一类则不能。为此，工厂中专门设有一个车间，车间内有一个机器人专门负责修理这些不能自我修理的机器人，现在的问题是：如果这个机器人出现故障，谁来修理呢？

娶妻陷阱

男人决定在一个有着众多美女的岛上挑选一位美女做妻子。不过，这个岛上的人性格都很怪癖，那就是岛上的居民可分为如下三类：永远说真话的君子，永远撒谎的小人，有时讲真话、有时撒谎的常人。按照岛上的规定，君子是第一等级，常人是第二等级，小人则是第三等级。

男人只能从甲、乙、丙三位美女中选一个做妻子。而这三个美女中一个是君子、一个是小人、一个是常人，但常人又是由琵琶精变成的美女。

为了保证不会娶到琵琶精变成的常人，男人可以向美女中的任一个人提一个问题，而这个问题只能用"是"或者"不是"来回答。

请问：这个人应该提一个什么问题呢？

🔍 迷路者问路

有这么四类人：神志清醒的人和魔鬼、精神错乱的人和魔鬼。神志清醒的人总是说真话，一旦精神错乱就会说假话。而神志清醒的魔鬼说假话，精神错乱的魔鬼则说真话。而且，他们的语言表达都是"是"或者"不是"。

一天，有人误闯了这四类人居住的地方迷路了，他碰到了这四类人中的一个 M 可以问路，但是他不知道 M 是说真话，还是说假话。不过这个人很聪明，他只向 M 提了两个问题，就根据 M 的回答立刻判断出他属于哪一类居民。请问：这个人究竟提了两个什么问题呢？

🔍 妙答免死

从前有一个魔王，杀人不眨眼。为了让自己的生活更有趣，他设定了一个很残忍的制度：每天都要一个人来答他一个问题。如果回答对了，就可以免去一死；但如果回答错了，就必死无疑。他的问题就是："你猜我最想做什么？"

你要怎样回答才能幸免一死呢？

🔍 就职演说会

在总统就职演说会上，准备了很多顶黄帽子和红帽子，要用来试试亚当、比尔和艾文这三位官员的智慧。

新上任的总统说："至少会有一顶黄帽子。"

然后，二个人都被戴上了黄帽子，他们每个人都可以看到另外两人的帽子，但就是不知道自己帽子的颜色。

想了一会儿之后，三个人突然异口同声说："黄帽子！"

请问：为什么？

🔍 可怜的太太

帕姬太太有一条非常珍贵的钻石项链，这条项链的挂坠上镶有 25 颗呈十字架排列的钻石。清点十字架上的钻石是帕姬太太平日里最热衷的事情，她无论是从上往下数，还是从左往上数或者从右往上数，答案都是 13。但是，她的数法在无意间被工匠师知道了。当帕姬太太拿着被工匠师修理好的挂坠，当面清点完回家后，工匠师正看着手里从挂坠上取下的钻石偷着乐呢。

你知道工匠师在哪个地方动了手脚吗？

🔍 大力士的困惑

力量村里出生的孩子都力大无比。其中有一个大力士可以轻易地举起 200 千克的东西，但有一天，他竟然连一件 100 千克重的东西都举不起来，请问这是为什么？当然，他没有生病也没有受伤。

🔍 钱塘江的潮水

每年七八月份是钱塘江涨潮的季节。7 月的一天，钱塘江岸边不远处停着一只船，船上挂着一根打了结的绳子，绳与结之间间隔 25 厘米最下面一个结刚好接触到水面。潮水每小时以 20 厘米的速度上涨。请问：要经过多少时间潮水可以把绳子的第四个绳结淹没？

🔍 猜拳取胜妙方

猜拳是一个很有技巧性的游戏。假设规定双方出的相同拳法不能连续出 2 次，连猜 10 次决定胜负。你该怎么做才能取胜？

混血儿的妙招

艾森是一名中美混血儿，他的朋友有两个一模一样的瓶子，这两个瓶子无论是大小、形状，还是重量都没有一丝区别。只是，一只瓶子里装有半瓶油，另外一只瓶里没有油。可是聪明的艾森总是能在没有任何称量工具的情况下，将油均匀地分好。你知道艾森是怎样做到的吗？

考验女友

机灵的莫尼卡总是喜欢考考心爱的女友。他将两个橙色杯子分别装着一种无色、无味、不能相互混合并且比重不同的液体，然后他告诉女友，其中一种液体是水。请问：用什么方法才能把水辨别出来（不能亲自去尝，有可能是有毒的化学试剂）？

陆游与美酒

陆游年轻的时候曾经从军，可是长期得不到朝廷的重用，后来陆游来到四川后居住在梓州。梓州是个山青水秀的好地方，文人们常常在这里饮酒作乐，以诗会友。一天，有一位朋友带了一坛美酒来拜访他，陆游非常高兴，准备和好友痛饮一番。可是来访的朋友却说："如果你能不取出酒坛子上的软木塞，不打破酒坛，也不在酒坛上钻孔而能倒美酒，那今天的这一坛酒就由你痛饮；如果不能的话，那就对不起，酒我就抱回去了。"

陆游听了朋友的"刁难"，手捻胡须思索着，最后终于想出来了打开酒坛的办法。那么你知道陆游是怎么倒出美酒的？

深山藏古寺

西南联大美术学院招生时，曾用"深山藏古寺"这一诗句为复试题。

创意想象类游戏

这题目看似简单，但实则很难。有的考生画成深山里，树木环抱，中间有一座寺庙；有的考生的画上只显示了密林深处露出寺庙一角；有的画成了深山密林中有袅袅炊烟，但都不符合题意。

因为，既要让人看得出来山上有古寺，又要把寺庙隐藏起来，这是一个大难题。只有一个考生解决了这个矛盾，画出了真正的"深山藏古寺"来。

聪明的读者，你知道他是怎么画的吗？

如何通过

（1）船顺水而下，通过一个桥洞时，发现货物装得多了一点，约高出 2 厘米。若要卸掉一些货物，无奈货物是整装的，一时无法卸下。有什么办法能够不卸货，使船通过呢？

（2）有辆卡车，堆装着很高的货物，当要通过一处铁路桥时，发现货物高出桥洞 1 厘米，卡车无法通过。卸货重装很费事，你给想想办法，应该怎样才能通过？

巧改对联

某位欺横乡里的富绅，父子俩用钱各买了一个"进士"功名，婆媳俩也被封为"诰命夫人"。那年除夕，富绅按捺不住得意的心情，在门上贴了一副对联：

父进士，子进士，父子同进士；

妻夫人，媳夫人，妻媳同夫人。

可第二天，家丁开门再看对联时脸都白了，慌忙将老爷请了出来。富绅一看，气得当场晕死过去。原来，有人在对联上加了几个笔画，那意思竟变成：父死了，子死了，父子同死了；妻没了男人，媳没了男人，妻媳都没了男人。

请你想想看，这副对联是怎样改的？

"抢30" 必胜法

有一种叫"抢30"的游戏。游戏规则很简单：两个人轮流报数，第一个人从1开始，按顺序报数，他可以只报1，也可以报1、2。第二个人接着第一个人报的数再报下去，但最多也只能报两个数，而且不能一个数都不报。例如，第一个人报的是1，第二个人可报2，也可报2、3；若第一个人报了1、2，则第二个人可报3，也可报3、4。接下来仍由第一个人接着报，如此轮流下去，谁先报到30谁胜。

甲很大度，每次都让乙先报，但每次都是甲胜。乙觉得其中肯定有猫儿腻，于是坚持要甲先报，结果每次还是甲胜。

你知道甲必胜的策略是什么吗？

大腕家的门铃

爱尔莎是一名大腕，每天找她的人非常多。其实，有些人爱尔莎完全可以不用理会。可是，如果爱尔莎不接见他们的话，他们就用按门铃的方法对付她。于是，爱尔莎苦不堪言。一天，一位朋友帮她在大门前设计了一排6个按钮，来访者只要摁错了一个按钮，哪怕是和正确的同时摁，整个电铃系统将立即停止工作。

在大门的按钮旁边，贴有一张告示，上面写着：A在B的左边；B是C右边的第3个，C在D的右边；D紧靠着E；E和A中间隔一个按钮。请摁上面没有提到的那个按钮。

这6个按钮中，通门铃的按钮处于什么位置？

有效的告示

在一个动物园中，游客经常往狮子洞中随意扔东西，管理员想了很多方法，写了很多标语都没有起效。

后来他就写了一句特别的标语，里面没有牵扯到罚款或者义务劳动等，但是再也没有游客敢往狮子洞里扔东西了，你能猜出这条标语是什么吗？

🔍 苹果上的字

昨天，妈妈上街买苹果，居然看到苹果上"印"有很多吉祥字，这些字不是贴上去的，这到底是怎么做到的呢？

🔍 遗产该怎么分

一位古希腊寡妇要把她丈夫遗留下来的 3500 元遗产同她即将生产的孩子一起分配。如果生的是儿子，那么按照古希腊的法律，母亲应分得儿子份额的一半；如果生的是女儿，母亲就应分得女儿份额的两倍。可是如果生的是一对双胞胎——一男一女呢？遗产又该怎么分呢？这个问题把律师给难倒了。聪明的你知道遗产该怎么分吗？

🔍 爆胎后有妙招

一位新手司机驾着小轿车去见朋友，半路上忽然有一个轮胎爆了。当他把轮胎上的 4 个螺丝拧下来，从后备箱里把备用轮胎拿出来时，不小心把 4 个螺丝踢进了下水道。

请问：新手司机该怎么做才能使轿车安全地开到距离最近的修车厂？

🔍 盲目分衣服

有两位盲人，他们都各自买了两件黑衣服和两件白衣服，衣服的布料、大小完全相同。两位盲人不小心将自己和对方的衣服混在了一起。他们每人怎样才能取回黑衣服和白衣服各两件呢？

🔍 机票的问题

赤道上有 A、B 两个城市，它们正好位于地球上相对的位置。分别住在这两个城市的甲、乙两位科学家每年都要去南极考察一次，但飞机票实在是太贵了。围绕地球一周需要 1000 美元，绕半周需要 800 美元，绕 1/4 周需要 500 美元，按照常理，他们每年都要分别买一张绕地球 1/4 周的往返机票，一共要 1000 美元，但是他们俩却想出一条妙计，两人都没花那么多的钱。你猜他们是怎么做的？

🔍 赢牌的诀窍

做一个游戏。准备 A 至 10 的 10 张扑克牌，两个人轮流取牌，可任意取。各人取的牌按取牌的顺序排列。哪个人先完成 4 张单调排列（由大到小或由小到大排列）的牌，就算赢。如果你先取牌，用什么办法才能确保胜利？

🔍 理发师悖论

著名的"理发师悖论"是伯特纳德·罗素提出的。悖论的题目是这样的——

一个理发师的招牌上写着："城里所有不自己刮胡子的男人都由我给他们刮胡子，我也只给这些人刮胡子。"

请问：谁给这位理发师刮胡子呢？

🔍 盒子里的宝贝

一位智者和他的女儿正在玩悖论游戏，智者对女儿说："在你面前的这一排盒子里（共 10 个）。分别编号为 1 号至 10 号，你转过身去，我将把一个宝贝放在其中的一个盒子里。依次打开盒子，我保证，你将在某个盒子里意外地发现宝贝。"

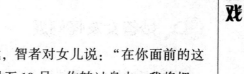

创意想象类游戏

他的女儿想了想，显然父亲不能把宝贝藏进 10 号盒子里，因为在打开前 9 个盒子以后就会确知宝贝的位置，推演和反推依然成立。所以她说道："爸爸，按照这样的推理，你根本无法把宝贝放在盒子里。"

智者却坚持说一定会让女儿感到意外。请问：这是为什么呢？

牵牛花作伪证

夏日的早晨，一家大型超市的出纳上班时发现保险箱被撬了，共失窃价值 25 万元的财物。警方在箱体上发现了罪犯留下的指纹，并确定作案时间是凌晨 2 至 4 点。经过调查，给超市送货的食品公司货车司机的指纹与现场作案指纹相符。

警方传讯了司机，可司机却说这段时间他正在家中拍摄牵牛花开花的过程，并拿出了拍摄照片，审讯陷入僵局。

迷惘的刑警来到植物研究所，请教了专家，证实牵牛花确实是在夏日早晨开放。而且经对比，确认拍摄的照片就是司机家中的盆花。

这就怪了，指纹是不可能相同的。

那么司机究竟是不是盗窃犯呢？如果是，那他又是采取什么办法分身的呢？

计算机为什么发狂

布莱尔用他的高智能计算机设计程序时，输入了一句指令，结果他的计算机因这句指令发狂，从而导致了崩溃。

请问：令计算机发狂的那句指令是什么呢？

妙答女友怪问题

西莱斯特是一个是帅气、幽默的小伙子。一天，西莱斯特对新交往的女朋友说，女友最吸引他的地方就是眨眼睛，新交往的女朋友听了后，便笑着问西莱斯特，说从你生下来到现在，是睁眼的次数多还是闭眼的次数多？

面试夺魁

上面写道："我排在了第 39 位，在您没有见到我之前，千万不要做决定。"这位应试者使用的是延时变通法。

马克思的求爱妙招

原来，这个小木匣子里放着一面小镜子，镜子里的"照片"正是燕妮自己。马克思就是借用这个木匣子里的小镜子，巧妙地向燕妮求爱从而获得成功的。

相亲相爱的数

220 的全部约数是：1，2，4，5，10，11，20，44，55，110，它们的和是 284；而 284 的全部约数是：1，2，4，71，142，它们的和是 220。由此表示"你中有我，我中有你"。

分辨生熟鸡蛋

旋转鸡蛋。容易转起来就是熟的，很难旋转便是生的。由于煮熟的蛋白和蛋黄成为一个整体，较容易转动；而生鸡蛋的蛋黄和蛋清是液体，所以转起来会较为困难。

读书时间

是 8 小时，他从星期一晚上 11 点开始读到星期二凌晨 1 点，一次就读了 2 天的份。周三和周五也这样读，再加上周日的 2 小时，所以只用读 8 个小时。

小仲马机智讨债

很简单，小仲马拿出的是一张刚刚用 3 法郎买的戏票，正好凑齐 6 万法

创意想象类游戏

郎，当然就要拿回 1000 法郎的报酬了。在此事中，这个老板玩了一个花招，不承认赚了那么多钱，同时又对场场爆满无法解释，故而来了这样虚伪的一招。但他没料到他这种伎俩，偏偏被具有天才思维的小仲马识破并轻轻化解了。

照一般人的做法，遇到这种情况，最常见的方式就是大吵大闹，闹不成就告上法庭。但是小仲马没有这样做，而是"用 3 法郎赚回 1000 法郎"，轻轻松松地在瞬间就把问题解决了。

拿破仑巧测河宽

此法如同曹冲称象，属事理借代。以帽沿为测量工具的关联中介物，绕过难以直接测量的困难，将原本互无关系的距离等同起来，从而量出可测距离，推测出不可测距离。在几何学上，这是很简单的测题，但在实战思维中，却很少有人像拿破仑这样运用的。

为国王画像

第三位画家是这样画的：画国王正在打猎。国王端着猎枪，瘸脚踩在石头上，瞎眼紧闭着向猎物瞄准。

最快用什么装满屋

小儿子把蜡烛拿进空房子，用烛光装满了全屋。

王子巧问得公主

王子问的问题是：请问，为了能使您嫁给我，我该提个什么问题才能难住您呢？

这个问题问得很妙，王子的言外之意就是：如果公主能说出一个难题，那么我就可以用这个难题难倒你；如果你说不出来，那我就能用这个问题来难倒你。无论怎么说，你都必须兑现诺言。

公主自然难逃这个问题的陷阱，所以，她是自己把自己难住了，也只好嫁给不太英俊但是聪明的王子了。

邻居施计争家产

邻居说："你们把马换过来骑。"

因为老人是比谁的马跑得慢，所以换过来骑，对方骑的就是自己的马，为了让自己的马慢，他们当然要快马加鞭地骑别人的马了。

新娘夜半擒小偷

新娘子这样做的目的是想把左邻右舍的人吵醒，争取援兵之机，等赶来劝架的人增多时，再将真相说明，这时力量对比已发生根本改变，可乘势将小偷擒拿。

男人的面子

他上街时手里抱着一只猫。

巧进城堡

詹姆斯趁守门人出来巡视的间隙，快步走进城门，当守门人出来巡视时，又转身向回走。守门人误认为他想溜出城去，于是就把他赶进了城堡。

花瓣游戏

后摘者只要保证两组剩下的花瓣数量相等便能获胜，意即两组之间被摘除的花瓣须以空缺隔开。例如，先摘者取下 1 片花瓣，则后摘者摘取另一边的 2 片花瓣，留下各有 5 片的两组花瓣。如果先摘者取 2 片花瓣，则后摘者取 1 片花瓣，同样形成数量相等的格局。之后，前者摘除几片，后者就在另一组中摘除同样多的花瓣。运用此种方法，肯定能赢得胜利。

巧读经死囚不死

阿姆斯特朗对詹姆斯说："我得慢慢地品味着读，每天大约 1 行。"詹姆斯问："那不是需要几百年吗？"阿姆斯特朗说："国王陛下许可我读完《圣经》再被处死，并没有讲读完的期限啊！"

干旱减少的原因

在美国南北战争期间，有人发现，持续的炮击可以增加降雨量，由此人工降雨产生了。

不"受伤"的苹果

在线的中间打一个结，使结旁多出一股线来，从线套中间剪断，苹果不会落下来。

强悍的老板

他当场开除那名新员工。

用肉喂马

店主一去喂马，客店里的人也都跟着前去看稀奇，青年便坐到火炉边烤起火来。

深洞救小鸟

将沙滩上的沙子慢慢放入洞中，这样，小鸟就会慢慢地升上来。

发现保鲜技术

巴斯德发现，如果将葡萄酒加温到55℃左右，既可以消灭细菌，同时又能保持原有的美味。对不同种类、不同度数的葡萄酒的加温程度只要进行实验研究，就能确定更精确的标准。巴斯德的发现告诉我们，由"果"探"因"，可以获得创造性成果。

训练公鸡选宰相

罗哈克把公鸡放在一面大镜子前面，公鸡在镜子里看到自己的影子，以为是别的公鸡，就经常腾跳起来啄镜子，试图与镜子里的公鸡搏斗。这样训练了一段时间后，公鸡就变得勇猛好斗。当罗哈克把公鸡送还给国王时，国王见了十分满意。

放风囚徒的谜题

让每个放风的囚徒把自己的名字写在有灯的那面墙上，但只能写一次。每个第一次放风的人出去后，写好自己的名字并查一下有多少人的名字在上面了，如果有一个第一次出去放风的囚徒发现墙上已经有 100 个名字的话，他就可以宣布所有人都出来放过风了。这个解法和灯没有关系。

怎样卖电器

商店可以提高每千克水果的价格，购买一定数量的水果就赠送一种电器。

神枪手

士兵把帽子挂在枪口上，这样就能轻松做到了。

畅游世界

朋友让季明在地图上走走。

书生与暴徒

书生坐到了暴徒的腿上。

多钱便是赢家

应该和卡尔先生一样，押在"3 的倍数"上，这样输赢她的第一名的名次都不会受到影响。

最好的方法是，押 401 个筹码在"3 的倍数"上，赢的话，筹码数量就在 1502 个以上，仍然会比卡尔先生多。所以玛丽女士还是能保住第一名的位置。

选择死法逃脱死刑

这个人选择了"老死"的死法。

创意想象类游戏

保命的问题

你把枪丢在你和另一个人中间，而且枪距离你 0.3 米，距离那个人 0.7 米。

这时另外两个人都会先去射杀对方，因为你在这时是没有威胁的。在一个人死去时，活着的人手中的枪中已经没有子弹了，而且你比他们两个中的任何人都要距离自己的枪近，所以你可以先捡回自己的枪，并射杀活着的那个人。

巡抚选人才

原来，巡抚所发的谷种中，只有 3 粒是生的，其他 97 粒是煮熟的。由此可以判断，这个农家书生是个诚实的孩子，所以可以判断其他人都在弄虚作假。

石匠巧智得黄金

因为如果财主说石匠在撒谎，他就要分一半的财产给石匠，所以他只好承认这件事，那就需要给石匠 100 两黄金。

获得最多的金币

更好的方法是取出 100 颗圆球，这样获得金币的成功率和拿出两颗的概率相同。但如果成功的话，获得的金币的数目要多得多。

小偷与恶狗

小偷先围绕着墙外走几圈，恶狗就会跟着他转，狗的链子就会缠绕在树干上，当狗的链子的有效活动范围降低后，无法靠近门或者窗的时候，小偷就可以进门了。

小测试模特露馅

贝蒂·艾伦说她也吃了蟹肉和草莓饼，但是她醒来后，露出"一排洁白光亮的牙齿"，因此引起了波洛探长的怀疑。要想知道贝蒂有没有进食，只要端盆清水，让她将漱口的水吐进盆里，看看有没有蟹肉和草莓饼的残屑就行了。

窃贼妙计避祸

他们把货车上的电视机再卸下来，并把它们运回大卖场。当警车经过盘问时，他们声称是晚班送货。

聪明的孩子

小孩子没有再回来找这个人，让他在那里干等了很久，他已经上当了。

智力学校招生

他说："我放弃了，我不考试了。"考官是不能再关放弃考试的人的。

买东西不花钱

他先在第一个商店里花 10 美分买东西，然后去第二个商店把剩下的 90 美分换成 1 拉索，然后再买 10 拉分的东西，带上剩下的 90 拉分去第一家商店把 90 拉分换成 1 美元。这样他买了大约 20 美分的东西，但没有花 1 分钱，如此继续下去，他就能度过那 10 天。

巧取宝石

把地毯卷起来，卷到瓶子附近时，就可以伸手抓拿到宝石了。

能力有别

大徒弟用三支箭射掉了三只梨；二徒弟两支箭中有一支箭射穿了两只梨；三徒弟用一支箭射中了盛梨的盘子，梨都掉了出来。

巧搬石头

在石头前挖一个大坑，把石头埋进去就可以了。

莫扎特巧弹曲

当莫扎特弹奏到那个地方的时候，他的双手弹响了两边的音符，然后用鼻子按响了中间那个音符。

最安全的地方

关动物的笼子是最安全的。

不敌小孩的预言家

小孩只要在纸上写下"下午3点之前哈桑将写一个'不'"这句话就可以了。根据这句话，如果哈桑写下的是"是"字，那么他的预言就和纸条上的内容正好相反，他的解析就是错的。如果他写下"不"字，那么他也错了，因为这样正好从反面见证了小孩预言的正确性。所以，无论哈桑写"是"还是写"不"，都是不可能赢的。

自食其果的仙人

多利的话是自相矛盾的。如果我们假定说谎者总是说假话，不说谎的人总是说真话，那么多利的那句话就会出现逻辑矛盾。即"力比多仙岛的人从来不说一句真话"这句话不可能是真话，因为多利自己就是力比多仙岛的人，那么他说的就不会是真话。可是这又意味着力比多仙岛的人是说真话的，按照这个逻辑去推，多利说的话自然就是真话，因此多利说的那句话也不可能是假话了。

苦恼的鲨鱼

姐姐说："你是要吃掉我妹妹的。"听了姐姐的话，鲨鱼傻眼了，因为如果姐姐说的是对的，它就应该在吃掉妹妹的同时，再把妹妹放走。所以，鲨鱼说："真讨厌！要是你说'我要放回妹妹'，我就可以美餐一顿了！"

无聊与有趣

或许你在想，也许因为他们去串门了（你知道两栋房子的距离是这么近）。其实不难想象，在无聊的人的名单上自然总会有一个人是世界上最无聊的人，而这种"最无聊"会使得他非常有意思。这样一来，他就成了有趣的人，我们就得把他移到旁边的房子里。现在又有另一个人成了最无聊的人，他也同样会变得使人感兴趣，所以我们不得不也把他移到另一个房间里，结果就是最后每个人都变得有意思起来，所以也就不存在什么无聊的人了。

不过，记住这只是个推论，不要过分严格推敲哦！

机器人辩证

这个机器人如果他不是自己修，那么，他就属于不给自己修理的机器人，因此，就应送到他的车间，由他自己修；如果他自己修，那么，他就不应该自己修，因为他只给不给自己修理的机器人修理。给自己修，不给自己修，不给自己修，给自己修……你搞清楚了吗？

娶妻陷阱

男人可以随便问其中一位美女，比如问甲："你说乙比丙的等级低吗？"如果甲回答"是"，那么应该选乙为妻。因为如果甲是君子，则乙比丙低，因此乙是小人，丙是常人，所以乙保证不是琵琶精；如果甲是小人，则乙的等级比丙高，这就意味着乙是君子，丙是常人，所以乙一定不是琵琶精；如果甲是常人，那么她自己就是琵琶精，所以乙肯定就不是琵琶精。因此，不管什么情况下，选乙都不会娶到琵琶精。

如果甲回答"不是"，那么男人就可以选丙做妻子。推理方法同上。

迷路者问路

这个人提的第一个问题是："你神志清醒吗？"第二个问题是："你是人吗？"看完答案，你大概忍俊不禁了吧。虽然题目陈述的比较复杂，但实际上有用的线索只有两条而已。如果你能掌握住这里的关键，相信猜出答案就是轻而易举的事了。

妙答免死

你可以回答："你要杀死我。"

如果魔王证明你回答错了，就不能杀你。但同样如果这样的答案是正确的，根据约定，魔王还是不能杀你。

就职演说会

三个人都是这么想的，以亚当为例。亚当先假设"自己戴的是红帽子"，然后比尔也这么想。

（1）比尔看到亚当是"红帽子"的，艾文是黄色的。

（2）艾文看到的是亚当的"红帽子"和比尔的帽子。

（3）如果比尔本身也是"红帽子"的话，又因为"最少会有一顶黄帽子"，那么，艾文应该可以马上回答出"黄帽子"，然而他却沉默不语。

（4）也就是说，比尔应该会认为"自己戴的不是红帽子"。但是，比尔也保持沉默。这说明，亚当假设"自己戴的是红帽子"是错的，因此结论为"黄帽子"。

可怜的太太

工匠师只要在水平一排的两端各偷走一颗钻石，再把最底下的一颗钻石移到顶上，就可以蒙骗住愚昧的帕姬太太。

大力士的困惑

因为他要举起的是他自己。

钱塘江的潮水

这种物理现象，要考虑各方面的问题。在这个问题中，如果考虑水涨船高绳也高的现象，那么潮水是永远都不会淹没第4个绳结的。

猜拳取胜妙方

连续出对手刚出过的并且输了的拳。

混血儿的妙招

让这两只瓶子浮在水面上，将油倒来倒去，直到这两只瓶子浮在水面上的高度相等时，这些油就被均分了。

考验女友

往杯里面加几滴水，看水滴是否和上层的液体混合在一起，能混合的即为水。

陆游与美酒

将软木塞压入坛内，可以轻松地倒出美酒。

深山藏古寺

他的画上山峦起伏，画面上看不到寺庙，但是在山间小道上，有一个和尚正挑水上山。

如何通过

（1）只要在船上加些石块，使船下沉几厘米，就可以使船从桥下通过了。
（2）将汽车轮胎放掉一点气。

巧改对联

父进土，子进土，父子同进土；
妻失夫，媳失夫，妻媳同失夫。

"抢30"必胜法

甲的策略其实很简单：他总是报到3的倍数为止。如果乙先报，根据游

创意想象类游戏

戏规定，他或报1，或报1、2。若乙报1，则甲就报2、3；若乙报1、2，甲就报3。接下来，乙从4开始报，而甲视乙的情况，总是报到6为止。依此类推，甲总能使自己报到3的倍数为止。由于30是3的倍数，所以甲总能报到30。

大腕家的门铃

通门铃的按钮是从左边数第五个。

有效的告示

标语是：凡是往狮子洞里扔物品者，必须自己捡回。

苹果上的字

苹果在成熟过程中，颜色逐渐从青色转为红色，而这个红色色素的形成，阳光起到很大的作用。将字照出一张底片，粘贴在苹果上，那么底片的透明的部分就能接收到阳光，而底片不透明的部分就阻挡了阳光，这样就在苹果上留下了一个轮廓。

遗产该怎么分

那位寡妇应分得1000元，儿子分得2000元，女儿500元。这样，遗嘱人的遗愿就完全得到履行了，因为寡妇所得恰是儿子的一半，又是女儿的两倍。

爆胎后有妙招

从其他3个轮胎上各取下1个螺丝，用3个螺丝去固定刚换下来的轮胎。

盲目分衣服

把衣服放在太阳下晒，黑色更吸光，温度更高些。所以热一些的是黑衣服。

机票的问题

甲买一张经由南极到 B 市的机票，乙买一张经由南极到 A 市的机票，当他们两人在南极相会时，把机票互换一下，这样他们只花了 800 美元就到了自己的城市。

赢牌的诀窍

只要第一张取 5，就可稳获胜利。

理发师悖论

如果理发师自己刮胡子，那他就属于自己刮胡子的那类人。但是，他的招牌说明他不给这类人刮胡子，因此他不能自己来刮。所以，找不到人给理发师刮胡子。

盒子里的宝贝

按照智者女儿的推理，她坚信这个宝贝无法放在某个盒子里。然而不论她如何推测，当她的父亲把宝贝放在任意一个盒子里时，她依然会感到很意外。

牵牛花作伪证

司机就是盗窃犯。他用特定的方法（比如用纸做套子套在花蕾上）推迟了牵牛花开花的时间，在作案后迅速返回住处，拍摄出花开全过程的连续照片作为伪证。

计算机为什么发狂

指令就是："你必须拒绝我现在给你编的语句，因为我编的所有语句都是错的。"这是一个逻辑怪圈，既然所有的语句都是错的，那现在这句指令就不可能是正确的；如果这句指令是正确的，那就不是所有指令都是错的。计算机因为无法判断这句话的对错只能不断地重复工作直到死机。

妙答女友怪问题

你现在是睁着眼看这道题的，如果你生下来的时候是闭着眼的，那么它们一样多，如果你生下来是睁着眼的，那么睁眼的次数就比闭眼的次数多一次。

情境想象类游戏

丈母娘的考问

杰克第一次去未婚妻菲丽家时，菲丽的母亲想试试他的智力，便故意问他："如果有一天我和菲丽一起掉到河里，而时间只允许你救起一个人的话，你先救谁？"杰克一时为难了，心想：如果说先救菲丽，菲丽母亲肯定不乐意；如果说先救菲丽母亲，她会知道这显然是骗她。他想到了一个好的回答，使大家听了都很满意。你知道他是怎样回答的吗？

租房的问题

有一家三口人突然要去另外一个城市工作，他们要在那个城市租住，但那个城市游客特别多，所以一时租不到房子。

这天，他们总算找到了一个价格合理条件不错的房子。但是当他们要租住的时候，房东却告诉他们，这房子不租给带孩子的用户。

丈夫和妻子听了，一时不知如何是好，于是他们默默地走开了。

这时他们的孩子对房东说了一句话。房东听了之后，高声笑了起来，喜欢上了这个聪明的孩子，并把房子租给了他们。聪明的读者，你能想到孩子说的是什么吗？

老人的反击

一位患了中耳炎的老人和一名男青年同乘一部电梯，男青年忽然朝老人大骂道："真混蛋！你这老家伙的耳朵怎么这么臭？"你猜老人说了一句什么话去反击男青年？

孔融的回答

孔融六七岁时便聪明过人。一次，许多人当着孔融的面夸赞他，只有一个姓陈的大夫说："小时候聪明的人，长大了不一定怎么样。"你能想出孔融是怎样回答他的吗？

吹牛比赛

小明和小强在进行吹牛比赛，他们比赛谁吃得多，小明说："我能把长江的水一口喝了。"小强说了一句话，小明输了。小明接着说："我能把南极洲当蛋糕吃了。"小强又说了刚才那句话，小明又输了。小明再说："我能把地球当成丸子一口吃了。"小强说了刚才那句话，小明还是输了。

你知道小强说的是什么话吗？为什么每次他总是赢？

爸爸的考题

吃晚餐时，爸爸出了一道难题考牛牛。他拿出一个鸡蛋说："牛牛，你能把这个鸡蛋立在桌子上吗？"牛牛左弄右摆，怎么也立不起来，只好向爸爸投降。此时，爸爸轻而易举地就把鸡蛋立起来。请问，他是怎么办到的呢？

🔍 纪晓岚妙语应答

元宵节，乾隆皇帝带文武百官，齐登城楼看灯，只见眼下是灯山人海，鞭炮齐鸣，热闹异常。乾隆非常高兴，就问身边的官员："这城楼下有多少人？"

众人面面相觑，谁也不知道该如何回答才好，他们都回头看着纪晓岚，希望他可以替大家解围。只见纪晓岚说："皇上，楼下虽然人数众多，但算起来，不过两个，一个为名，一个为利。"乾隆听后，哈哈大笑。

又一次，乾隆微服出巡，恰巧，这时有一家人出殡，抬着棺材往城外走去；而另一家娶亲，抬着花轿经过。乾隆问纪晓岚："纪爱卿，人人说你聪明过人，朕现在问你，你说全国一年生多少人，死多少人？"

这是个很难的问题，因为每年臣民的生死情况是不同的，但纪晓岚却回答上来了，而且乾隆听后，也很满意。

读者朋友，你知道纪晓岚是怎么回答的吗？

🔍 坚强的儿子

从前，当古罗马城陷入纷乱的时候，有位母亲对想趁着乱世称雄的儿子这么说："如果你正直的话，就会被大众所背叛；但如果你不正直，就会被神遗弃。反正都没有好下场，你就别强出头了。"

这位坚强的儿子不但不放弃，还利用这番话中的盲点说服了他母亲。

你知道他是如何反驳的吗？

🔍 儿子的安危

海啸过后，很多人都在关注事件发生情况，而且电视台和电台不断播出灾情和寻人启事。老王的儿子在海啸发生之前就在那里工作，一直没有回来，邻居挺替老人担心的。一个邻居问："你的儿子有没有打电话回来？"

情境想象类游戏

老人说："没有。"邻居说："那么，有没有电视台或者电台播放了你儿子的消息？"老人说："也没有，但是我知道他平安无事。"

你能猜出老人是怎么知道的吗？

🔍 哲学的应用

有这么一个故事：小张向小李借了100元钱，并信誓旦旦地说保证一个月后还清。

结果一个月到了，小张却不同意还小李的钱。

小张的理由是这样的："最近我们不是学习哲学了吗？根据老师所讲的哲学道理，我既不用还钱，也不会受到惩罚，老师说一切都在不断变化，人不能踏进同一条河流，因为河水眨眼间就变了。从向你借钱到现在已经一个月了，现在的我早已不是向你借钱并对天发誓的我了。所以，你不应该向现在的我要钱，只能去向一个月前向你借钱的那个我要钱。"

小李听后非常气愤，抓住小张痛打一顿。小张扬言要到法院去告小李，并向他索要医药费。

小李只说了一句话就把小张反驳得哑口无言。请问：你知道小李说的是什么话吗？

🔍 就是不让座

在一个以文明礼貌而著称的都市里，若有人不让座给"老弱妇孺、残障者"，大家便会群起谴责。一天，有一位残障人士上了公交车，却没有人让座，车上的乘客也都无动于衷。

既然是以礼貌闻名的城市，为什么他们不让座给这位残障人士呢？

🔍 乘 车

皮皮乘上一辆公共汽车，他发现买票的人（包括皮皮在内）只占了车上人的 1/3，可汽车一直开到终点，司机和售票员也没有向另外 2/3 的人索要车票。你知道这是为什么？

🔍 买东西

一个哑巴在商店买钉子。他先把右手食指立在柜台上，左手握拳向下做敲击的动作，售货员给他拿来了一把锤子，哑巴连连摇头，于是售货员明白了他想买钉子。哑巴买完钉子后高兴地走了。这时又进来了一个盲人，他想买一把剪刀，请问他会怎么做？

🔍 耳光和吻

姐姐、妹妹，高个、矮个同在一家西餐厅相邻的桌子上用餐，正吃着呢，餐厅突然停电，就在这个时候，突然响起了一下亲吻声，接着又听见"啪"地一声打耳光的声音。

不久，灯亮了。出于保持斯文的心态，四个人依然各自用餐，显得若无其事，但各自都在心里琢磨着。

姐姐想："哪个流氓对我妹妹做这么下流的事？幸亏妹妹反应机敏打了他一耳光。"

妹妹想："矮个真讨厌，竟然敢偷吻姐姐。打他一耳光算便宜他了。"

矮个想："我可真倒霉，高个做错事反倒要我替他挨打，这倒好，我怎么解释都解释不清了。"

这真是奇怪了，到底是谁偷吻了谁？谁又打了谁呢？你推测一下吧。

🔍 证明凶手的物品

在一个宽大的封闭演出场里，一个主持人中枪身亡。随着一声玻璃破

碎的声音，有什么东西被扔出了场，可能是凶器。确定犯人就在现场，主持人中枪一瞬间在场的人都停止了动作，也就是说并没有将什么可疑的物品藏入什么地方。请大家想象一下，这时在犯人身上有没有什么明显可以证明他是犯人的物品？可以任意发挥想象，说得过去就行。

参考答案

丈母娘的考问

他说："先救未来的妈妈。"这句话可以作两种理解，对菲丽母亲说，是杰克未来的妈妈；对菲丽来说，未来结婚后有了孩子，当然现在就是未来的妈妈。

租房的问题

小孩说："先生，我要租这间房子。我没有孩子，我只带来两个大人。"

老人的反击

老人对男青年冷冷地答道："因为它听多了脏话。"

孔融的回答

孔融对他说："大人小的时候，想必也是很聪明吧！"

吹牛比赛

小强说："我能把你吃了。"

爸爸的考题

只要将鸡蛋往桌上轻轻敲，将底下的蛋壳敲破一点，便能使其稳稳地立在桌面上。

纪晓岚妙语应答

纪晓岚回答："全国一年，生一个，死十二个。"他是说，一年之中，生的只有一个属相，死的是十二个属相。

情境想象类游戏

坚强的儿子

儿子说："如果我正直的话，就不会被神遗弃；如果我不正直，就不会被大众所背叛。所以不论如何，我都不会被背叛的。"这位坚强的儿子不但不放弃，还利用这番话中的盲点说服了他母亲。

儿子的安危

老人的儿子是电视台或者电台的播音员。

哲学的应用

小李是这么说的："按照你的逻辑，一切事物都在变化，我也在瞬息万变，现在的我并没有打人，打人的我是过去的我。因此你就去告那个过去的我，让他付给你医药费吧。"

就是不让座

由于题目最后的叙述容易使人产生思考暗示，进而引导到座位全满的情形；但以另一种想法来看这一道题，公交车上其实是有空座位的。

乘　车

唉，这年头，家家都买了小汽车，公共汽车的生意差多了。车上只有一位乘客，那就是皮皮，他买了票，司机和售票员当然不会向他们自己索要车票。

买东西

直接说出来要买剪刀。你是不是想说用手做剪子状比划呢？错了，因为盲人会说话，不需要用手比划。

耳光和吻

这道题帮助大家放松一下，答案其实一眼就可以看出来，只有高个没有任何心理活动，实际情况就是高个自己吻了自己的手，然后又给了矮个一个耳光。

证明凶手的物品

答案很多，这里举一个例子：经过调查，这人的长相很出众，但是主持人却有优于他的长相，所以他的动机是嫉妒主持人的长相，在杀了主持人以后，想着现在就是自己最帅了，应该会看下自己的样子，所以犯人手上应该有镜子。

情境想象类游戏

空间想象类游戏

 巧切西瓜

炎热的夏天，爸爸从市场买来一个大西瓜，明明立刻吵着说他要切。爸爸则要求："如果你能只切 4 刀就把西瓜切成 15 块，就让你切！"明明想了很久也没想出来，照这种情况看来，这个西瓜只能要由爸爸来切了。请问，要用什么切法来达到爸爸的要求呢？

挑战无极限

如图是一道数学考题，它可以帮助你挑战多方面的空间想象力。图中，最外层的圆包含一个内接三角形，三角形中有一内切圆，圆内又包含一个内接正方形，再是一个内切圆，里面是正五边形，然后是圆、正六边形、圆、正七边形……层层嵌套下去，每次正多边形的边数都加 1。随着圆越来越小，你能猜出最后这个圆会变成什么样的吗？

🔍 悬空的管理员

当夜总会的侍者上班的时候，他听到顶楼传来了呼叫声。

他奔到顶楼，发现管理员腰部束了一根绳子吊在顶梁上。

管理员对侍者说："快点把我放下来，去叫警察，我们被抢劫了！"

管理员把经过情形告诉了警察，昨夜停止营业以后，进来两个强盗把钱全抢去了，然后把我带到顶楼，用绳子将我吊在梁上。

警察对此深信不疑，因为顶楼房里空无一人，他无法把自己吊在那么高的梁上，那里也没有垫脚之物。有一部梯子曾被这伙盗贼用过，但它却放在门外。

然而，没过几个星期，管理员因偷盗而被抓了起来。你能否说明一下，没有任何人的帮助，管理员是怎样把自己吊在半空中的？

你能想出这个办法吗？

🔍 逃生的方法

爱丽丝漫游仙境的时候，她的身体随比例而缩小。这天她走过一个倾斜的正方形的小洞时，后面突然滚过来一颗玻璃球，玻璃球的直径是她身体的 5 倍。她拼命地往前跑，但是距离隧道的出口还有很远，她无法在玻璃球赶上自己之前跑出去。如果这个玻璃球的直径和正方形小洞的高度是一样的话，她是否注定要被玻璃球压死？

🔍 少女历险记

有一个少女在游玩的时候遇到了歹徒，她在情急之中跳到了湖上的一只小船上。这是一个半径为 R 的圆形小湖，那个歹徒站在岸上等这个少女上岸。

静下心来，她发现情况对自己很不利。她是一名长跑运动员，如果真

空间想象类游戏

的在岸上那个歹徒是追不上她的，但是现在她在水中划船的速度只是歹徒在岸上的速度的 1/4。歹徒可以沿着圆形的岸边奔跑，一定会抓住将划船上岸的少女，而这里没有别的人到来。

那么，这名少女能否设法将船划到岸边，然后在歹徒没有赶到的情况下登岸逃走呢？

🔍 寄售古画

李先生有一张古画，被一个顾客买下，他需要邮寄过去，但是画卷起来的长度是 110 厘米，而邮寄时要求货物的长度不能超过 1 米，那么张先生有什么办法可以把这幅古画寄出去？

🔍 走路的孩子

一个孩子刚学了关于角度的知识，感到非常兴奋，他带了一个大的量角器，从一个点出发，向前走了 1 米，然后就向左转 15 度；再向前走 1 米，然后再向左转 15 度……他这样走下去，可以回到他的出发点吗？如果可以的话，他一共走了多少的路程？

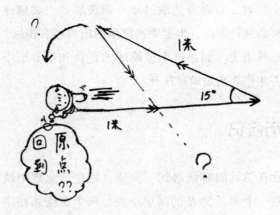

账房算醋缸

有一个人新来到一家杂货店做账房先生。这天，老板让他算一下店中所存醋缸的数量。

只见，醋缸整整齐齐堆放在货仓的墙角处，一共有7层，最上层是4×8个，第二层是5×9个，以下每层，长和宽上都比上一层多了1缸。

账房先生微微一笑，马上就说出了答案，你知道他的答案是多少吗？

圆桌会议

6个人围着一张圆桌开会，已知：

1. A坐在B右手旁，和B中间隔了一个人。
2. C坐在D的正对面。
3. E坐在F左手旁，和F中间隔了一个人。
4. F不是坐在D的隔壁。

那么，A的右边会是谁呢？

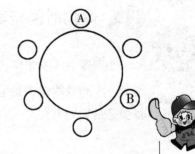

蜗牛爬格子

在下面8×8的格子中间，有一只小蜗牛，它要爬遍所有的格子，但是它只能"上下"和"左右"爬动，不能斜着移动。

那么，它如何走才能把所有的格子都走一遍，并且没有重复地回到起点呢？

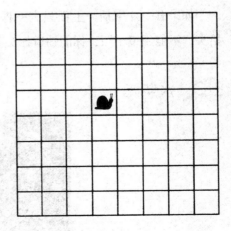

空间想象类游戏

翻转杯子

桌子上放着 3 个杯子，它们的口都是朝下的。如果让你翻转杯子，但是每次只能翻转 2 个，那么，你可以把它们全翻转成口朝上吗？

如果现在杯子的数目变成了 6 个，但是 3 个口朝上，3 个口朝下。同样，你每次只可以翻转 2 个杯子，那么，你可以把它们全翻转成口朝上吗？

现在杯子的数目变成了 8 个，这 8 个杯子都是口朝下的，这次让你每次只能翻转 3 个杯子，你最少需要几次可以把它们全翻转成口朝上呢？

遛狗时的玩耍

小明带着小狗走路去外婆家，他手中拿了一个小木棍。他把小木棍扔出去，小狗就跑过去把它捡回来。他往哪个方向扔小木棍，小狗跑的距离将会是最远的？

树叶的形状

如果有一片空地，上面只有一棵树，你就站在树的下面，但是你不能抬头，不能用镜子照，你能知道你头上的树叶是什么形状的吗？

火柴光

想象上面这个布局中的 3 个房间的墙上（包括地板和房顶）都铺满镜子，房间里面一片漆黑。

一个人在最上面的房间里划了一根火柴。那么在下面右边房间里吸烟的人能看到火柴燃烧的映像吗？

🔍 曲面镜

如图所示，男孩看左边的凸面镜发现自己是上下颠倒的。然后将镜子翻转 90°。这时候男孩看到的自己是什么样子的呢？

🔍 海市蜃楼

你可能见过用 2 面凹面镜组成的"海市蜃楼之碗"。

放在"碗"的底部的一枚硬币或者其他小物体会被反射，并且如图所示被观察到在顶部漂浮。

这个令人难忘的视错觉是由反射产生的，那么有几次反射呢？

空间想象类游戏

🔍 吃麦苗的小羊

小明把他的小羊拴在一棵树上，拴羊的绳子有 10 米长，现在羊离旁边的麦田有 18 米远。然后小明跑开和小朋友们玩去了，等他回来的时候，发现小羊吃了很多的麦苗，但是绳子并没有断，你知道这是怎么回事吗？

🔍 水果荟萃

用最快的速度判断出哪一种水果最多？

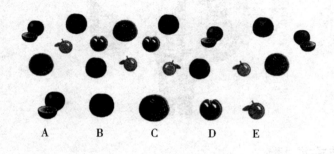

A   B   C   D   E

🔍 健康的食品

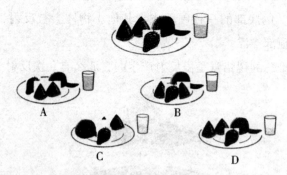

A   B

C   D

请问哪一个组合与图形的内容相吻合呢？用最快的速度选出正确的答案。

🔍 找出路

从 A 走到 B，只能沿着小旗的方向前进，如图是走不通的。现在要求凋转小旗的方向，使道路畅通，最少要移动几支小旗的方向？

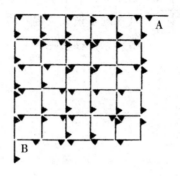

🔍 一线牵

用一条线穿过立方体的 6 个面，将这个立方体摊开的话，应该是下面选项中的哪一个呢？

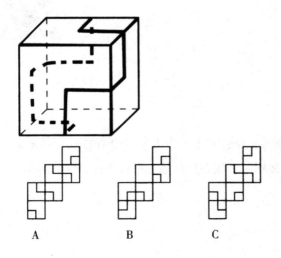

A   B   C   D

🔍 画龙点睛

如图中的字田、禾、田是用 24 根火柴棍组成的，三个字组合起来没有什么意义。移动其中的 4 根火柴棍，将它变成一个有意义的成语。怎样移动呢？

🔍 转角镜

如图所示，一个男孩分别从 1 面平面镜和 2 面以 90°角相接的镜子中观察自己。

男孩的脸在两种镜子中所成的像是一样的吗？

🔍 移动杯子

有 10 只杯子，前面 5 只装有水，后面 5 只没有装水。移动 4 只杯子可以将盛水的杯子和空杯相间，现在只移动 2 只杯子也要使其相间，你可以做到吗？

我行我秀

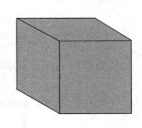

在一次我行我秀的空间思维比赛中，有一道这样的题，立方体有比二维图形更多的旋转对称。你能找出所有的旋转对称吗?

六角星耳环

这只六角星的水晶耳环，已经很旧了。作为设计师的坎蒂丝决定将这个耳环做一番改造，使这个六角星拼成一个长方形。你说该怎样拼?

红十字图案

哥哥与弟弟一起玩游戏，哥哥用 36 根火柴摆出了如图由 13 个正方形组成的图案，然后让弟弟从中拿走 4 根火柴，使这个图案的正方形的数量少 5 个，但十字图案仍然保持不变。弟弟很快就做出来了，你知道他是怎么做的吗?

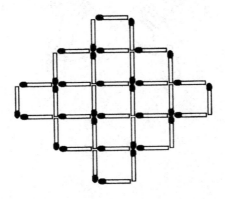

用空间组话

以下是将一句话的每个字都分成了3块，然后把它们分散。请你把它们正确地重新组合，找到答案。

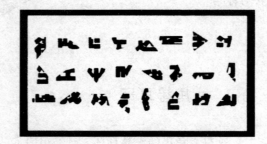

 ## 绑 票

里斯廷夫妇俩遭人绑架，绑架的情形如图所示，犯罪分子向他们要100万现金，不然就会撕票。他俩没法剪断绳子，也无法解开绳结，可他们却逃了出来。你知道他们是怎么办到的？

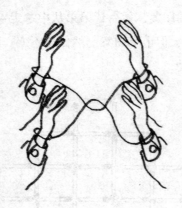

🔍 广口瓶中的苍蝇

科学家仔细地称量了一个广口瓶的重量，同时瓶中还装有一些处于酣睡状态的苍蝇。然后，科学家摇动瓶子弄醒了苍蝇。苍蝇们在瓶中飞动，科学家再次称量了广口瓶的重量。那么在苍蝇飞动的情况下，这个装满苍蝇的瓶子重量会变轻吗？

🔍 鬼灵精怪

卡罗琳是个小精灵，妈妈笑着称她为"可爱的小狐狸"。这不，她问妈妈：倘若在一个房子的四周布满镜子，然后当你走进去时，再把门关紧，你觉得自己会看到一片怎样的景象？

🔍 个性美感

时装表演时，A、B、C、D四姐妹同时出场。她们4人当中，有一个与其他3个不同，特别富有个性美感。你能看得出来吗？

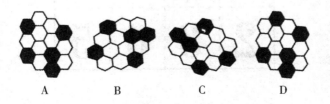

A   B   C   D

空间想象类游戏

🔍 打开链子

你的视神经将眼睛和大脑连接起来。这种"连线"并不是被动的。随着信息沿其路径的传输过程,视觉信息得以分析并进行了分类。在到达大脑之时,这些信息已经部分地经过了处理和分析,一点也没有浪费时间。

在收拾一盒链子时,珠宝匠发现了如图所示的三根相连的链条并决定把这链条分开。经过观察,珠宝匠找到了只需打开一条链子就能解开全部三条链子之间连接的方法。你找出来了吗?

🔍 折纸游戏

将下面这幅图复印或者临摹下来,沿着虚线折叠,要求数字按正确顺序排列(即1、2、3、4、5、6、7、8),一个压着一个,"1"排最前,"8"排最后。数字朝上、朝下或在纸的下面都可以。

1	8	7	4
2	3	6	5

希腊一笔画

这是考古人员在希腊的遗迹中发现的题目，如图可以一笔画出，任何线条都不能重复画第二次，你知道该怎么去画吗？

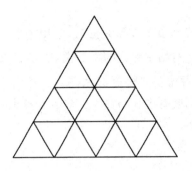

菱形变立体

只移动3根火柴，将这个图案变成由3个菱形组成的一个立方体。

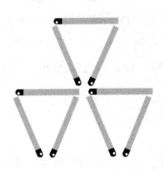

对不上账的奥秘

3个人住宿时，每人100元钱，将300元钱交给服务员后，再交到会计那里去。会计找回50元钱。服务员中间私吞了20元钱，只还给他们30元钱。

　　3人分30元钱，每人退回10元钱，合计每人付了90元钱，加在一起共270元钱。再加上服务员私吞的20元钱，一共290元钱。怎么也与付账的钱对不上。是哪里出了问题呢？

为何都没错

　　单位年底召开"优秀员工表彰大会"，老田望了望和自己一样站在主席台上接受表彰的同事，对站在旁边的小王说："哈，女同事还真不少呢，占了1/3。"小王也看了看说："哪有那么多，也就占1/4。"他们都没说错，那么站在主席台上的到底有多少男员工，多少女员工呢？

音乐转灯

　　一盏音乐转灯设计很独特：在中心红光外面包有7层圆筒壳，每层壳上都有7个五角星的图案，当7层壳上的五角星排成一条直线时，这样中心红光可以透出五角星的图案。如果开始时7个五角星是对齐的，然后7层筒壳一起转动，但是转速却不一样：每分钟第一层转1圈，第二层转2圈，第三层转3圈，第四层转4圈，第五层转5圈，第六层转6圈，第七层转7圈。请问：至少要多长时间以后，可以透出五角星图案来？

平分鸭梨

　　蕾蕾家里来了5位同学。蕾蕾想用鸭梨来招待他们，可是家里只有5个鸭梨，怎么办呢？谁少分一份都不好，应该每个人都有份（蕾蕾也想尝尝鸭梨的味道）。那就只好把鸭梨切开了，可是又不好切成碎块，蕾蕾希望每个鸭梨最多切成3块。于是，这就又面临一个难题：给6个人平均分配5个鸭梨，任何一个鸭梨都不能切成3块以上。蕾蕾想了一会儿就把问题给解决了。你知道她是怎么分的吗？

分蛋糕

有 7 个朋友给杰克过生日，他们带来了一个圆形的生日蛋糕，为了考考这个"小寿星"，他们要求杰克只切 3 刀把蛋糕分成 8 块，而且每个人都能得到相等的一份。你知道该如何切吗？

镜子里的游戏

有 4 个数字（2 组）在镜子里面看数字的顺序相反，它们两者之间的差均等于 63。

请问：这两组数字分别是什么？

生日会

在拉拉的 13 岁生日会上，来了 12 个小孩。每 4 个孩子属于一个家庭，共来自甲、乙、丙这 3 个不同的家庭，当然也包括拉拉所在的家庭。这 13 个孩子中，除了拉拉 13 岁外，其余的都不到 13 岁，而且每个孩子的年龄都各不相同。在 1～13 这 13 个数字中，除了某个数字以外，其余的数字都表示某个孩子的年龄。把每个家庭孩子的年龄加起来，得出以下结果：

甲家庭：年龄总数 41，包括一个 12 岁；

乙家庭：年龄总数 23，包括一个 5 岁；

丙家庭：年龄总数 21，包括一个 4 岁。

请问：拉拉属于哪一个家庭？

🔍 超车之谜

爸爸带着皮皮开着新买的小汽车沿湖滨公路游览，皮皮坐在里面别提有多么开心。这时，皮皮从车镜里看到后面有一辆破旧的小货车，开得很慢，像一位老人在艰难地往后倒着走。小货车越来越远，渐渐看不见了，皮皮高兴得在车上手舞足蹈。

湖边的路只有 2 米多宽，是单行线，皮皮玩累了，一会儿就睡着了。等他一觉醒来，简直不相信自己的眼睛，小货车竟然慢腾腾地开在自己的车前面，它是怎么超过去的？

🔍 镜子里的矛盾

在照镜子时，你在镜子中的影像与你自己相比，左右颠倒了方向。比如你的左手，在镜子中就成了你的右手，而你的右手在镜子中则成了你的左手。由此看来，镜子中的影像是可以左右颠倒的。

但是如果你在镜子前面躺下，你会发现镜子中的影像并没有左右颠倒，比如你头和脚的位置依然与你躺下的实际的方向是一致的。为什么又不能左右颠倒了呢？

🔍 遭遇假币

顾客拿了一张百元钞票到商店买了 25 元的商品，老板由于手头没有零钱，便拿这张百元钞票到朋友那里换了 100 元零钱，并找了顾客 75 元零钱。

顾客拿着 25 元的商品和 75 元零钱走了。过了一会儿，朋友找到商店老板，说他刚才拿来换零钱的百元钞票是假钞。商店老板仔细一看，果然是假钞，只好又拿了一张真的百元钞票给朋友。

你知道，在整个过程中，商店老板一共损失了多少财物吗？

🔍 小顽童的鬼把戏

　　小顽童最喜欢搞些自以为是的小把戏，常常把大人们逗得乐翻了天。一天，他摆出这样一个把戏：在一个睡着的小猫的背上放上一根杠杆，在杠杆的左边放一只足球，杠杆的右边放一支正在燃烧的蜡烛，此时杠杆正好平衡。假设在蜡烛燃烧尽之后猫还没有醒来，也没有动一下，或者翻一下身，足球将滚向左边还是右边？

🔍 变出十字架

　　取一张正方形纸，用剪刀把纸剪成5块，然后做成一个希腊十字架，想想你该如何剪？

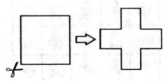

🔍 不和谐的邻居们

　　有3户人家合住在同一个小院里（如图所示），但他们总是吵架，住得都很不开心。住在大房子的主人最先采取措施来改变这种状态——从他家的门口到图中下方修了一条封闭式的小路。住在右边房子里的主人也不甘示弱，他修了一条路通到左边的大门。最后，住在左边房子的主人也修了一条通到右边的大门。但令人惊奇的是，这几条路都互不相交。你能正确地画出这三条路吗？

空间想象类游戏

快速建楼房

你能不能不用任何绘画工具，将如图的一间平房变成两层高的楼房？

水果填空

在下面的 25 个空格里，有苹果、草莓和桃子三种水果。这三种水果按照一定的规则有序地摆放在空格里。请你好好看看它们摆放的顺序，说出问号处空格里放的是哪一种水果？

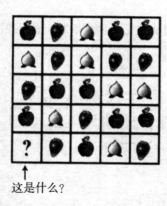

这是什么？

几堆水果

有 4 元/千克的香蕉一堆，2 元/千克的苹果一堆，4 元/千克的橘子一堆，合在一起，你猜共有几堆？

黄金比例

在一个正五边形里画出所有的对角线。你作出了一个五角星。因为五边形对称在自然界里到处都有，比如在植物和诸如海星的动物中，所以它有时被称为生命的对称。

因为作出黄金矩形和黄金三角形的秘密在于五角星，所以它就成为毕达哥拉斯及其追随者的神秘象征。要理解它的神秘，就要计算出五边形的边长和五角星的边长的比值。

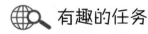 搭积木

家里有一个正立方体的木墩。胖胖想把它切成 27 块用来搭积木。你猜胖胖最少要切几刀才能完成任务？

有趣的任务

在物理课上，老师布置了一个有趣的任务：在一段两端开口的透明软塑料管内，装有 11 颗大小相同的滚珠，其中有 5 颗是深颜色的，有 6 颗是浅颜色的（如图所示）。整段塑料管的内径是均匀的，只能让一个滚珠勉强通过。然后想尽一切办法把深颜色滚珠取出来，但如果不先取出浅颜色滚珠，又不切断塑料管，深颜色滚珠是不会出来的。那该怎么办呢？

空间想象类游戏

遭遇"鬼迷路"

一天晚上，三个探险家为了抄近路，决定从宽4千米的山谷中穿过。他们走了很久，按时间计算应该到达目的地了，但每次总是莫名奇妙地回到出发点附近。这就是人们经常所说的"鬼迷路"。你知道是怎么回事吗？

寻找咖啡杯

如图是从上面垂直往下看咖啡杯的样子。那么，请你仔细地观察一下与如图一样的咖啡杯是下面4个咖啡杯中的哪一个呢？

🔍 齿轮转动

当按照图中所示的方向转动把手时候，4 个重物中哪些会上升，而哪些会下降呢？仔细分析一下各个齿轮之间的传动情况即可得出答案。

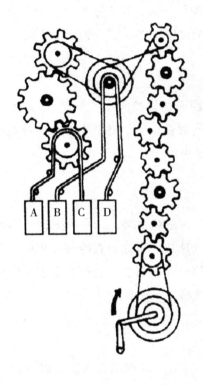

空间想象类游戏

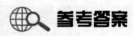 **参考答案**

巧切西瓜

横着切一刀，竖着切一刀，再水平地切一刀。这三刀就把西瓜切成5块；在靠近西瓜中心的位置斜切一刀，便成了15块。

挑战无极限

你可能认为最终圆面积将趋向0。然而，令人惊讶的是，结果并非如此。精确的计算要用高等数学，最终结果圆的半径是第一个圆的1/8.7左右，或者说，约0.115单位。

悬空的管理员

用梯子把绳子的一头系在顶梁上，然后把梯子移到了门外。回来时带进一块巨大的冰块，这冰块是事先放在冷藏库里的。他立在冰块上，用绳子把自己系好，然后等时间。第二天当侍者发现他的时候，冰块已完全都融化了，管理员就此被吊在半空中。

逃生的方法

相对她缩小的身体来说，玻璃球很大，所以球和正方形的洞之间有很大的空隙，这个空隙足以让她躲在那里而不被压到。

少女历险记

可以。但是正常的想法是不行的。如果少女将船划向歹徒所在岸的对称点，那么她要行进的距离为 R，歹徒要行进的距离为3.14R，因为少女的速度是歹徒的1/4，所以她在划到岸边之前歹徒就能赶到，这种方法行不通。

正确的方法是：少女把船划到略小于1/4倍的圆半径的地方，比如说0.24R，然后以圆湖的中心为圆心，作顺时针划行，在这种情况下，少女的角速度大于在岸上的歹徒能达到的最大角速度，当她划下去，就可以在一个时刻，处于相距歹徒最远的地方，这时她和歹徒在一条直径上，并且在圆心的两边。

然后少女把船划向岸边，少女离岸边的距离为 $0.76R$，而歹徒要走的距离为 $3.14R$，由于 $4 \times 0.76R > 3.14R$，所以少女可以在歹徒赶到那边之前上岸，并用最快的速度逃脱。

寄售古画

做一个长度是 1 米的长方体盒子，把画倾斜着放在盒子里。

走路的孩子

他可以回到出发点。他一共走了 24 米。

账房算醋缸

有 567 个醋缸。

圆桌会议

A 的右边是 E。如图：

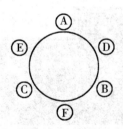

蜗牛爬格子

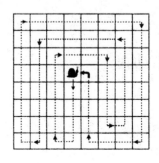

空间想象类游戏

翻转杯子

前两种翻转杯子都是不能成功的。

第三个题最少需要 4 次，如果把这 8 个杯子标号为 1~8，翻转的步骤为：第一次翻转 1，2，3；第二次翻转 3，4，5；第三次翻转 5，6，7；第四次翻转 3，5，8。

遛狗时的玩耍

往身后扔，因为他现在还在往前面走。

树叶的形状

你可以往后走一段距离，这样原来头顶的树叶就呈现在你眼前了，你就可以看见它的形状了。

火柴光

可以，吸烟的人能看到经过 2 面镜墙反射出来的火柴光。

曲面镜

男孩看到的自己是右边凸起。

海市蜃楼

吃麦苗的小羊

树距离麦田有 8 米远，如果小羊和麦田在树的两边的时候，正好是 18 米，也符合题意，但小羊仍然可以吃到麦苗。

水果荟萃

B.B 是 5 个，A 是 3 个，C 是 3 个，D 是 2 个，E 是 4 个。

健康的食品

B. 注意杯子坚果汁的量。

找出路

移动两支小旗。

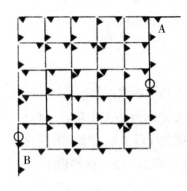

一线牵

C。测测你的空间思维能力哦。

画龙点睛

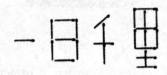

转角镜

正常情况下，镜子将物体的镜像左右翻转。以正确角度接合的两面镜子则不会这样。

转角镜中右面的镜子显示的没有左右变化，男孩在镜子中看到的自己和日常生活中别人看到的他是一样的。

这种成像结果是由于左手反转以及前后反转同时作用。

移动杯子

将第 2 只杯子里的水倒入 7 只杯子里，将第 4 只杯子里的水倒入第 9 只杯子里，这样就可以使其相间了。其实题目考的是一种思维方式，解答的时候不要拘泥于题目本身，要开拓思路。

我行我秀

立方体有 3 根旋转对称的四重对称轴，4 根三重对称轴和 6 根二重对称轴。一般而言，有一个给定重数的多重旋转对称轴意味着，如果你旋转该物体的角度与旋转一整圈之比等于给定重数的倒数（比如，三重轴就转 1/3 圈），那么你将获得一个与原来一模一样的物体。

六角星耳环

将六角星的上下两个角剪下来，一分为二，拼到左右两个缺口上。

红十字图案

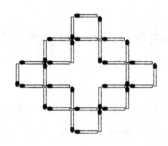

用空间组话

我坐在街边吃烧烤。

绑　　票

很容易就能使他们分开，一个人质用双手抓住他的绳子，使他的绳子在他同伴另一侧形成一个松弛的绳圈。然后他把绳圈塞进同伴手腕上的套索中，容易发现，要使绳子圈不扭曲，只能穿过一只手腕。然后他把绳圈绕过同伴的手指。当他把绳圈绕过同伴的手并从套索中拉出后，他们就自由了。

广口瓶中的苍蝇

广口瓶的重量并未发生改变。为了飞翔，这些昆虫必须要制造出与它们体重所产生的力相等的向下气流。因此，无论是在瓶中站立或是处于飞翔状态，这些昆虫所制造的向下的力都是相同的。

鬼灵精怪

也许你会想，你能看到无数个自己，其实你什么也看不见。因为没有光线能射进房间里面，到处一团漆黑，即使你有火眼金睛也不行。

个性美感

A。你只需把图旋转就会发现 B、C、D 是同一个图形。

打开链子

只需要打开最下面的链条，上面的链条并没有连接在一起。

折纸游戏

转动纸张，空白面朝上，数字"2"在左上角。然后把右边向左折，这样数字"5"靠着数字"2"。现在，将下半部往上折，结果数字"4"靠着数字"5"。接下来将"4"和"5"向内折，位于数字"6"和"3"之间。最后把数字"1"和"2"折到小数字堆上，到此一切结束。

希腊一笔画

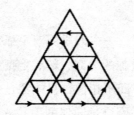

菱形变立体

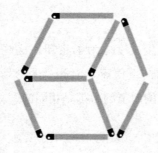

对不上账的奥秘

与付账是吻合的。3 个人开始拿出 300 元钱，后退回 30 元钱，其结果是 3 人负担 270 元钱。

为何都没错

主席台上一共站了 13 人，女员工有 4 人，老田是男的，小王是女的，他们都没算自己。

音乐转灯

给那么多的条件只是为了迷惑你，请你仔细想一下，在 1 分钟后，它们各自刚好转了整数圈，肯定又会恰好对齐。

平分鸭梨

鸭梨是这样分的：先把 3 个鸭梨各切成两半，把这 6 个半块分给每人 1 块。另 2 个鸭梨每个切成 3 等块，这 6 个 1/3 也分给每人 1 块。于是，每个人都得到了一个半块和一个 1/3 块，也就是说，6 个人都平均分配到了鸭梨，而且每个鸭梨都没有切成多于 3 块。

分蛋糕

先从蛋糕的上面以"十"字形切两刀，把蛋糕平均分成 4 块，然后再从蛋糕的腰部横切，这样就把蛋糕分成相等的 8 份了。

镜子里的游戏

18 和 81，29 和 92。

生日会

拉拉属于乙家庭。

甲家庭的年龄组合为：8、10、11、12；乙家庭的年龄组合为：5、13、2、3；丙家庭的年龄组合为：1、4、7、9。

超车之谜

小汽车已经沿湖跑了一圈，又快追上慢腾腾的小货车了，所以在小货车的后面。

镜子里的矛盾

判断左右是以人的视觉习惯而言的。实际上，视觉分辨左右和分辨上下所用的是不同的概念。镜子不仅变换了水平方向上的"左右"，其实，也变换了垂直方向上的"左右"。假设向上的方向为右，向下的方向为左，那么你会发现，原本在腹部"右边"的头，在镜子中则变成了在腹部的"左边"。

遭遇假币

商店老板损失了 100 元。

老板与朋友换钱时，用 100 元假币换了 100 元真币，此过程中，老板没有损失，而朋友亏损了 100 元。

老板与持假钞者在交易时 100 = 75 元 + 25 元的货物，其中 100 元为兑换后的真币，所以这个过程中老板没有损失。

朋友发现兑换的为假币后找老板退回时，用自己手中的 100 元假币换回了 100 元真币，这个过程老板亏损了 100 元。

所以，整个过程中，商店老板损失了 100 元。

小顽童的鬼把戏

蜡烛燃烧尽后，质量减少，杠杆将向左边倾斜，所以足球滚向左边。

变出十字架

不和谐的邻居们

快速建楼房

只需要将原图转动90°再看即可，如下图。

水果填空

正确答案应该是桃子。

这张图里三种水果的排列，从里到外形成一个漩涡状，排列的顺序依次是苹果、桃子、草莓。如果你能看出这一点，答案也就很简单了。

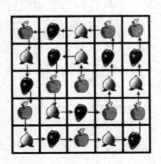

几堆水果

合在一起就只能是一堆了。

黄金比例

古希腊人证明了五边形由两个黄金三角形组成，这两个三角形的边长之比等于黄金比例。该比例约等于 0.168，并且通常用希腊字母来表示。

搭积木

切 6 刀。

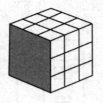

有趣的任务

由于塑料管是软的，可以把塑料管弯过来，使两端的管口互相对接起来，让 2 颗浅颜色滚珠滚过对接处，滚进另一端的管口，然后使塑料管两头

青少年最爱玩的想象力思维游戏

分离，恢复原形，就可以把深颜色滚珠取出来。

遭遇"鬼迷路"

实际上，这些人走了一个圆。人走路时，两脚之间有一定的距离，大约是0.1米，每一步的步长大约是0.7米，由于每个人两脚的力量不可能完全一致，因此迈出的步长也就不一样，若在白天要沿直线行走，我们会下意识地调整步长，保证两脚所走过的路程一样长。当在夜间行走辨不清方向时，就无意识调整步长，走出若干步后两脚所走路程的长就有一定差距，自然就不是沿直线行走，而是在转圈，这就是"鬼迷路"现象。

寻找咖啡杯

2号咖啡杯。1、3、4咖啡杯的俯视图如图所示。

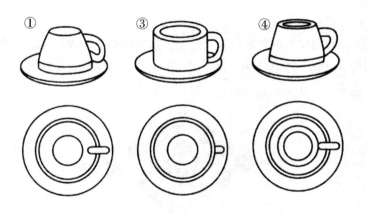

齿轮转动

A、B上升。C、D下降。

发散想象类游戏

比尔·盖茨的考题

据说微软创始人比尔·盖茨多次用下面这道题考那些应聘者。这道题看来是纯粹操作性的。其实盖茨是用来选拔发散—聚合思维过硬的未来微软人的。

盖茨的开场白是：

人的大脑细胞的总数超过 300 亿个，这些脑细胞构成的神经网络比全世界电话网络的联系还要复杂，要体会一下大脑神经网络运作的感觉吗？

请看下图，从起点到终点共有多少种不同的路径？

起点————————————终点

注意：你只能从左到右，不能倒退，即到达一个结点后，或者朝上前进，或者朝下前进。

断臂维纳斯

现在，当人们见到维纳斯雕像时，也许认为当时从土中被发掘时就是这个样子。可实际上，它被发现时是破碎的断片，经过修复加工接合起来才成为现在这个样子。维纳斯雕像在卢浮宫展出后，人们立刻卷入了对雕像争论的漩涡，其争论范围发展到了美术史和整个美学领域。其中雕像缺两臂的姿态，也许是最使人兴奋的论题了。

这个振奋现代人的杰作，因为欠缺，引起了人们各种想象。你又是怎么想的呢？你能讲出或画出维纳斯所缺两臂的姿态吗？请你提出几个方案来。

友谊是什么

诗人曾把友谊比做桥，他写道：

友谊是什么？

友谊是座桥。

在隔膜的河上弯着腰，

当你从这岸走到那岸，

误解已被清水洗掉……

请你思考：

（1）把友谊比做鸟，可不可以？

（2）把友谊比做体温表，可不可以？

（3）把友谊比做省略号，可不可以？

如果可以的话，请你仿照上文，各写一首诗。

0 的断想

有位作家写了一首散文诗《0 的断想》：

0 是谦虚者的起点，骄傲者的终点；

0 的负担最轻，但任务最重；

0 是一面镜子，让你重新认识自己；

0 是一只救生圈，让弱者随波逆流；

0 是一面敲响的战鼓，叫勇者奋勇进取。

0 的确是一个神奇的数字，它可以引起人们无穷的联想，你从它身上还会想到一些什么呢？比如说，0 是一块空地，0 是一个袅袅升起的烟圈，0 是一只坚硬无比的铁环……请你按上述散文诗的格式，分别把这三句的后半句写出来。

金钱不万能

金钱确实可以买到许多东西，但它毕竟不是万能的。请你联想它的作用和局限，将下文写下去，想得越多越好：

（1）金钱能买床铺，不能买甜蜜的梦；

（2）能买书，不能买记忆；

（3）能买食物，不能买食欲；

（4）能买衣服，不能买风度；

（5）能买金银首饰，不能买感情。

孪生姐妹

丁丁告诉我这样一件怪事：有一对孪生姐妹，姐姐出生在 2001 年，妹妹出生在 2000 年。

你说可能吗？

行善的问题

我们说："善有善报，恶有恶报。"但是，报应这种事情是无法证明存在的，也就是说，可能有，也可能没有，就像扔硬币一样，正反面机会是均等的。

那么，你能证明无论如何行善总比行恶好吗？

添笔改字

先分别写出 2 个"王"字，然后在每个"王"字上添 2 笔，形成的 2 个字读音相同而字不同。在每个"王"字上加 2 笔形成的这两个同音字分别是什么？

什么影子最大

你想一下，你所见到的影子中，什么影子最大？

他会变得怎样

一次，一个青年人在路上拾到一张 2 元钱的钞票。从此，他走路时眼睛总是离不开地面，40 年的漫长岁月过去了……

他会变得怎样？请你想象一下，然后用简洁的语言表达出来。

山道上的和尚

有一天早晨，太阳刚刚升起，一个和尚沿着一条狭窄的山路向山顶攀登。山路只有一两个人宽，沿山盘旋而上，直达山顶的一座寺庙。上山的路，有时陡，有时缓。和尚走得有时快些，有时慢些。一路上他几处歇脚、喝水或吃随身带的干粮。他到达山顶的寺庙时太阳刚好下山。经过了几天的佛事，和尚沿原道下山。他也是太阳刚出山就动身，一路上有行有歇，行的速度有快有慢。当然，他下山的平均速度比上山要快。

现在需要你证明，沿途存在一个地点，无论是上山还是下山，和尚经过这一地点的时间是相同的。也就是说，假如和尚下山经过此地点的时间是下午 3 点，那么，前几天他上山时经过此地点的时间也一定是下午 3 点。

发散想象类游戏

老婆婆报时的秘密

有一个老婆婆，每天坐在门口的瓜棚下做一些碎活。当有过路的行人问她时间时，她总是用双手推一推瓜藤下的一个大葫芦，然后就能报出准确的时间。

除了体积比较大之外，这个大葫芦并不特别，为什么老婆婆推了推它就能知道准确的时间呢？

 ## "反一反"的结果

英国科学家法拉弟，把当时已由别的科学家证明的"电流能够产生磁场"颠倒过来想，通过实验证明了"磁场能转变为电"，从而发明了世界上第一台发电机。

还有什么东西是由这么"反一反"而创造出来的呢？请说出 4 个以上来。

 ## 前推后拉的怪事

小明对同学说："我今天看到了一个怪事情，有一辆载着重物的货车，前面的人用力推，后面的人用力拉，但是货车还是一直往前走，你说奇怪不奇怪？"

同学们不信，都笑他说谎。聪明的读者，你说这种事情可能吗？

严重的错误

小梅带着厚厚的眼镜，但这次的视力测验，她有把握双眼的测试结果都在 2.0 以上，因为她事先把视力表给背了下来。

但是，检查开始的时候，她才发现，她犯了一个严重的错误，虽然视力表和她背下来的是一模一样的。聪明的读者，你知道这个错误是什么吗？

🌐🔍 涂鸦的孩子

小海喜欢画画，但总是到处画一些米老鼠的图案。这天在学校，他居然随手在准备发给全校师生美术考试的一叠绘图纸上画了数百张，却没有受到老师的责备。当然，他画的米老鼠图案并不是非常小的，你知道他为什么没有受到责备吗？

🌐🔍 消失的钱

吴先生在银行取了 100 元钱，他买了一盒烟，花了 20 元，他把剩下的钱放在裤子的后口袋里。第二天当他再摸裤子后口袋的时候，发现里面只有 10 元钱，可是并没有人抢劫他。你知道这是怎么回事吗？

🌐🔍 探险家渡河

有一队探险家，他们来到未开发的荒芜之地探险。眼前有一条又深又宽的河流阻住了他们的道路。河上没有桥梁，他们也没有船或者可供造船的材料，也没有办法游泳。那么，他们是如何渡河的呢？

🌐🔍 眼睛的颜色

你坐飞机环球航行，在曼哈顿，你的旁边坐了一位红眼睛的乘客，而前排乘客的眼睛是蓝色的。

当你在纽约转机后，坐在你旁边的是一位棕色眼睛的乘客，而你后排乘客的眼睛是深褐色的。

你又在莫斯科换了一架飞机，这次，你旁边的人的眼睛颜色是深黑色的，而飞机驾驶员的眼睛颜色是浅蓝色的。

你最后到达终点站伦敦，这时你走进洗手间，走过你身旁的人的眼睛

发散想象类游戏

是灰色的。你看着洗手间墙壁上的镜子，眨了眨眼。你看到你的眼睛是什么颜色？

如何逃跑

小明被一群歹徒关在一个没有窗户只有一扇门的小屋子里。他用尽力气也没有把那扇门拉开，急得哭了起来。这时他突然想起一种方法，于是他很快就离开了那间小屋。

你知道他是怎么做的吗？

每天早上的蛋

俗话说：种瓜得瓜，种豆得豆。王奶奶没有养过鸡，但是每天早上总是吃两个蛋，这不是花钱买的，也不是别的人送的或者孩子们孝敬的。

你知道这是怎么回事吗？

薄过纸的东西

什么东西薄过纸，却没有人能抬得起或打得烂？

释放犯人

有一个女犯人刑满释放，但是要出狱的却是一男一女两个人，这把门卫搞糊涂了。但是他又接到上级的通知，准许两个人出狱，你知道这是为什么吗？

如何站人

如果有一张不大的报纸，要求你和你的一位朋友同时站在这张报纸上，报纸不能撕开，而且你们彼此也不能碰到对方，你可以做到吗？

奇怪的问题

你能回答下面的问题吗：（1）有没有一个人，他的身体里有三个心脏，但是他活得很正常，并且没有人为这件事情感到奇怪？（2）如果亚洲有一个村庄里，每一个人都只有一只右眼，你认为可能吗？（3）一年中有些月份有 31 天，有些月份有 30 天，那么有多少月份有 28 天呢？

没有新闻的新闻

美国有一个地区，每天都会发生各种意外事件，当地有一家报纸是专门报道本地事件的。每天发生的意外事件，都可以在当天的新闻晚报上看到。

但有一天，这个地区奇迹般没有发生任何意外事件。到了晚上，这家报纸却仍然正常发行，刊登意外事件，这家只刊登本地意外事件的报纸，还能刊出什么意外事件呢？

最失败的抢劫

有一群抢匪持枪闯入了市中心的一家大银行，他们破坏了那里的报警系统，控制了局面。当他们要求工作人员交出柜台抽屉里的所有的现金时，银行经理表示，柜台已经没有半分钱了。抢匪要经理打开保险柜，经理照做了，但保险柜中也是空空如也。

这时，警察赶来了，立刻逮捕了抢匪，到底发生了什么事？

时间的问题

广场上的大钟在整点的时候会报时，时间到几点钟就敲几下，并且每

发散想象类游戏

到半点时敲一下。有一天夜里，有一个人失眠了，他不知道是什么时候，他先是听见大钟敲了一下，然后过了一阵又敲了一下，再过了一阵又听到钟敲了一下。你能想出现在是几点了吗？

今天星期几

暑假的日子很快乐，因为不上课，所以都不记得今天是星期几了。两个孩子想弄明白到底是星期几，因为星期六有好看的动画片。吉米说："当后天变成昨天的时候，那么'今天'距离星期天的日子，将和当前天变成明天时的那个'今天'距离星期天的日子相同。"

看上去都是比较混乱的逻辑，那么今天到底是星期几？他们还能不能看上动画片？

井底之蛙

一只井底之蛙想出去见见世面，于是开始攀爬井壁。每爬一次，就上升 3 米，但在再次攀爬井壁前会下落 2 米。已知井深 10 米。请问：这只青蛙要攀爬几次才能爬出井去？

风 铃

小柔是一个喜欢动手的好孩子，她最喜欢做的就是风铃。这一天，她折了 6 朵风铃花，用一根 1 米长的绳子每隔 0.2 米拴 1 个正好。现在她不小心用剪刀剪坏了 1 个，重新折的话又没有多余的塑料膜了。现在还要求 0.2 米拴 1 个，绳子不能剩。请问：小柔该怎么拴？

葬礼的背后

母亲与蜜妮安两姐妹相依为命，由于母亲过度劳累，所以不久前就死了。母亲去世的时候，姐妹俩去参加葬礼。蜜妮安在葬礼上遇见了一个很帅的男子，并对他一见倾心。但是，葬礼后那个男子就不见了。蜜妮安怎么找也找不到他。后来过了1个月，蜜妮安把姐姐杀了。

请问蜜妮安为什么要狠心地杀死姐姐呢？

🌐🔍 匪夷所思

一天晚上，住在某旅馆里的一位空姐被人枪杀。

凶手是从30米外对面的屋顶用无声手枪射中她的。

窗户是关着的，窗子上有一个弹洞。从这一迹象看，凶手只开了一枪。但奇怪的是，被害者的胸部和腿部都中弹了——大腿被子弹射穿，胸部也留有子弹。这样看来，凶手好像开了两枪。如果凶手开了两枪，那么另一颗子弹是从哪里射入被害者的房间的呢？这颗子弹又在哪里呢？

大家无法回答，于是去请教大胡子探长，他肯定地回答：中了一枪。

大胡子探长为什么这样说呢？

🌐🔍 两个电话

有一个朋友打电话向保罗问了一个问题。保罗回答说："哦，我告诉你吧。"

挂了电话后，过了一会儿，又有一个朋友打电话来，问了他一个几乎一样的问题，这次保罗却回答："这我怎么会知道？"

保罗跟这位朋友既不是关系不好，也不是在开玩笑。

请你想想他到底被这两个朋友问了什么样的问题？

🌐🔍 预测机

人工智能专家发明了一个预测机，任何一个人都可以问它：一小时之中会不会发生某件事。如果预测机预知这件事会发生，就亮绿灯，表示"会"；如果亮红灯，就表示"不会"。这个机器一经推出受到很多人的欢迎，特别是警察局的警员，因为这样可以减轻他们的工作任务，只有局长不高兴，因为他知道预测机根本就不可靠，用一句话就可以验证。

那么，你知道局长想到了一句什么话吗？

天知地知

有一件事，天不知道，地知道，你不知道，我知道。
这件事是什么呢？

令人发疯的盒子

请问：盒子的制作者是说真话者，还是说假话者呢？如果你能给出答案，你就可以得到它，来试试吧。

珠宝盒不是由说真话的人制作的。

绑票者是谁

一个深秋的夜晚，纽约市某公司董事长的儿子被绑票了，绑架犯索要5万美元的赎金。那家伙在电话里说："我要旧版的百元纸币500张，用普通的包装，在明天上午邮寄，地址是查尔斯顿市伊丽莎白街2号，卡洛。"接到电话后，该董事长非常害怕。为了不让孩子的生命受到危害，他只好委托私家侦探菲利普进行调查。因为事关小孩的生命，菲利普也不敢轻举妄动。于是，他打扮成一个推销员，来到了凶犯所说的地址进行调查，结果却发现城名虽然是真的，但是地址和人名却是虚构的。难道凶犯不想得到赎金吗？这当然是不可能的。忽然，菲利普灵机一动，明白了绑架犯的真实面目。第二天，他就成功地抓获绑架犯，并安全救出了被绑架的小孩。

菲利普明白了什么？

奇怪的血缘关系

王先生和他的妹妹王小姐一起在街上散步。这时，王先生看着对面的店铺对妹妹说："对了，小外甥在这家店工作，我要去看看他，还要顺便买一些东西。"

王小姐回答："我可没有外甥啊。"

说罢，王小姐就先走开了。

聪明的读者，你知道王小姐和那个神秘的外甥是什么关系吗？

宝贝儿子的回答

哈姆走进妈妈的房间时，听到一声命令："不要进来，我的宝贝儿子。"哈姆立即回答："我的确是你的宝贝儿子，但你不是我的母亲。"

这到底是怎么回事呢？

关帝庙求财

太平盛世时，到关帝庙求财祈福的善男信女总是络绎不绝。关公在上面看着，总是微微一笑，他也看到了世间百态。

这日，来了一名香客，他跪下祈求关帝爷保佑他生意兴隆，财源广进。谁知，温和的关公听后大怒，"啪"地一拍桌子，大喝一声："大胆刁民，有此歹意，当五雷轰顶！"

那香客一听，惊叫一声，赶紧拔腿逃了出去。

关公旁边持刀的周仓看了，大笑说："此人肯定是个祸害百姓的不法之徒。"

关公笑了笑，说："不，他是个规矩的生意人，做的也是合法的生意。"

这让周仓很疑惑了，为什么祈福的香客中，关公单单说这个人有歹意呢？

读者朋友，你想到原因了吗？

精明的考古学家

有一天，一个英国人来到中国，让一个考古学家帮他鉴定一个精制的古董。考古学家认真地观看，发现上面刻着"公元前 12 年"，考古学家立刻断定这是一个赝品。你知道他是怎么判断的吗？

看数字猜谜语

数字也可以做谜语，你能猜出下面各数字谜语的谜底吗？

八（打一发型）

十（打一中药）

九（打一节日）

九（打一中药名）

千（打一人体部分）

二（打一成语）

十（打一成语）

3 - 2 = ?（打一成语）

100 - 99（打一成语）

1 - 2 = 8（打一成语）

15（打一成语）

15 分 = 1000 元（打一成语）

1/100（打一成语）

6 × 6（打一成语）

1881 ~ 1981 鲁迅（打一成语）

2.5（打一成语）

99（打一成语）

2、4、6、8（打一成语）

7/8（打一成语）

1/1（打一成语）

1000（打一成语）

X.3.0＝？（打一成语）

3＋3（打一人名）

50＋50（打一中药名）

2＋1＝3＋5（打一数学名词）

2＋2＝（打一字）

8（打一出版物名词）

24（打一体育术语）

100－1（打一字）

0＋0（打一京剧名）

发散想象类游戏

参考答案

比尔·盖茨的考题

人应当在尝试具体的路径之前，进行发散性思考和分析，然后设法找到一种简单明了、一目了然的方法。

一共有 20 种不同的路径，你可以采取如下方法进行思考和分析：

设法在每个圆圈内写上一个数字，这个数字表示到这个圆圈所有可能的路径的数目。显然，左边起点的圆圈内的数字是 1，不难理解，其他的每个圆圈内的数字，等于其左侧与它直接相连的圆圈内的数字。例如，每个填写有数字 1 的圆圈的左侧都只与唯一的 1 个圆圈直接相连，该圆圈内的数字是 1；填有数字 2 的圆圈的左侧与 2 个圆圈直接相连，这 2 个圆圈内的数字分别都是 1，等等。这样，作为终点的最右侧圆圈内的数字就是 20。

这说明共有 20 种不同的路径。

断臂维纳斯

第一种说法：维纳斯左手拿苹果，手臂搭在木台上，右手紧贴腰布。

第二种说法：维纳斯两手拿着胜利的花环，好像是女神正在进行曲艺表演。

第三种说法：维纳斯右手拿着鸽子，左手拿着苹果。

第四种说法：维纳斯正要入水沐浴，左手曳着头发，右手提着腰布。

友谊是什么

（1）友谊是只鸟，

没有牢笼没有索套，

你唤它飞来筑巢，

可要多多准备饲料。

（2）友谊是支体温表，

如果不顾冷热饮食不调，

它首先提醒，

当心——

你在发烧。

（3）友谊是个省略号，

无需文字和音调，

把它画在文章最后，

绝不会有结尾的烦恼。

0 的断想

0 是一块空地，它可以由你耕种五谷；0 是一个袅袅升起的烟圈，在烟雾中叫你虚度年华；0 是一只坚硬无比的铁环，一只只铁环连成一体，就能组成一条坚韧的铁链……

金钱不万能

能买药物，不能买健康；能买奢侈品，不能买教养；能买娱乐，不能买幸福；能买房屋，不能买温情；能买权力，不能买权威；能买选票，不能买人心……

孪生姐妹

丁丁没有撒谎。姐姐是在 2001 年 1 月 1 日出生在一艘由西向东将过国际日期变更线的客轮上，而妹妹则是在客轮过了国际日期变更线后才出生的。那时的时间还是处在 2000 年 12 月 31 日。所以，按年月日计算，妹妹要比姐姐早 1 年出生。

行善的问题

你行恶的时候，如果报应是不存在的，那么你没有什么损失；但是如果报应是存在的，那么你就要受到惩罚。

你行善的时候，如果报应是不存在的，那么你也没有什么损失；但是如果报应是存在的，那么你就会得到回报。

所以可以证明，行善比行恶好。

添笔改字

"在"和"再"。

什么影子最大

地球的影子，就是夜晚。

他会变得怎样

40年的漫长岁月过去了，他收集的钮扣、别针、小螺钉、破鞋底、橡皮筋等杂物足有几筐，连背也驼了，十分可怜。他失去了友爱，失去了对大自然美景的欣赏，也失去了为别人服务的机会。

山道上的和尚

你可以把题中上山的和尚和下山的和尚设想成两个不同的人，但他们是在同一天上下山，那么，他们自然一定会在途中的某处相遇，此处，正是和尚在上山时和下山时同时经过的地方。

老婆婆报时的秘密

因为这个大葫芦挡住了远处钟楼上的大钟，老婆婆只要稍微推开它一些，就可以看到准确的时间了。

"反一反"的结果

由吹风机而发明的吸尘器，由一般的镜子而发明的反光镜，由放大尺而发明的缩小尺，以及自行车刮泥板等。

前推后拉的怪事

可能。在走下坡路的时候就是这种情况。

严重的错误

因为小梅看不到指示棒所指的位置。

涂鸦的孩子

因为他是在堆成一叠的绘图纸的侧面画的，所以就算很大，也不会引起老师的注意。

消失的钱

这个人第二天换了条裤子，这条裤子里面恰好留了 10 元钱。

探险家渡河

探险家们是走过去的，河流结冰了。

眼睛的颜色

在读这道题时你的眼睛是什么颜色，那就是你看到的颜色。

如何逃跑

走到门前，把门推开。

每天早上的蛋

王奶奶吃的是鸭蛋，她养了一群鸭。

薄过纸的东西

影子。

释放犯人

刑满释放的是女犯人，那个男的是她在监狱中生的孩子。

发散想象类游戏

如何站人

在打开的一扇门下放这张报纸，你站在门这边的报纸上，你的朋友站在门另一边的报纸上，你们就可以不碰到对方了。

奇怪的问题

（1）怀有双胞胎的妇女身体里有三颗心脏。（2）每一个人都只有一只右眼，不可能有两只右眼。（3）一年中每个月份都有28天。

没有新闻的新闻

没有意外事件，本身就是最大的意外事件。

最失败的抢劫

当这群抢匪抵达银行前不久，刚有另一帮抢匪洗劫完这家银行。

时间的问题

是1点半。

因为钟敲了三次，每次一下，分别是12点半一次，1点一次，1点半又一次。

今天星期几

今天是星期天，当然也就看不成星期六的动画片了。

井底之蛙

8次。不要被题中的枝节所蒙蔽，每次跳上3米滑下2米实际上就是每次跳1米，因此10米花10次就可完全跳出，这样想就错了。因为跳到一定时候，就出了井口，不再下滑。

风　铃

因为并没有要求绳子是直的，所以可以用5个风铃花连成一个圈。

葬礼的背后

因为家里如果再死一个人，又可以举行一次葬礼，那个很帅男子又会来参加葬礼，蜜妮安就又可以见到他了。

匪夷所思

凶手开枪时，被害者正背对窗子弯腰，子弹射穿了她的大腿后进入胸部，所以表面上看好像是中了两枪。

两个电话

这个问题的答案有好多种。例如在晚上 11 点 57 分左右，第一个朋友问他"今天足球赛的结果如何？"然后过了 12 点进入新的一天，另一个朋友打来电话问同样的问题。

预测机

局长说："预测机下一个预测结果会亮红灯。"如果预测机亮红灯表示"不会"，那么预测机就预测错了，因为事实上它已经亮起了红灯。如果它亮绿灯说"会"，这也错了，因为实际上亮的是绿灯，而不是红灯。这样预测机就预测不准确了。

天知地知

"我"的鞋底破了。看了这个答案，你可不要笑，事实上历史上有一个很有名的题目和这个很相似，它的题目如下：

他走进树林抓住了它，于是坐了下来找它，因为没法找到它，只好把它带回了家。

这个答案是什么呢？恐怕你想不到，它就是刺进脚板中的一根荆棘。

令人发疯的盒子

盒子的制作者是说真话的人。慢！如果是说真话的人，那么盒子上的这句话就应该是真话，那盒子的制作者就是说假话者。

那好吧，盒子的制作者是说假话者，但是这么一来，盒子上的话就是假的，那盒子的制作者就是说真话者。

分析到这里，如果你还想拿盒子的话，奉劝还是住手吧。

绑票者是谁

这道题的"题眼"在地址上。既然大地址是真的，小地址是假的，而绑犯不可能不想得到赎金，那么说明这个绑犯必然是十分熟悉当地邮寄地址的人，最大的怀疑对象自然就落在了赎金寄达地点邮局的邮差身上，因为除了他以外，没有人能够收到，而且也不会引起怀疑。虽然办理邮包业务的负责人也有可能拿到赎金，但问题是无法确定该董事长在哪一个邮局投寄赎金，所以能够收到的人只有收件当地的邮差。因此，绑架者的真实身份就是当地的邮差。

奇怪的血缘关系

王小姐是在那家店工作的男孩的妈妈。

宝贝儿子的回答

命令是父亲发出的，他恰好也在这个房间里。

关帝庙求财

因为这个人是棺材店老板。

精明的考古学家

因为公元纪年始于耶稣诞生之后，所以公元前的人是不可能用公元纪年的，更不可能在上面刻下公元纪年的准确年份。

看数字猜谜语

分头，三七，八一，补心丸，舌头，始终如一，三三两两，一字之差，一念之差，以一当十，一五一十，一刻千金，百里挑一，三十六计，百年树人，接二连三，百无一失，无独有偶，七上八下，始终如一，漏洞百出，不可胜数，陆定一，百合，不等式，井，连环画，双打，白，《连环计》。

发散想象类游戏

图形想象类游戏

 求婚门槛

所罗门王有一名漂亮的待嫁女儿。许多邻国王子和公爵都想迎娶这位美丽公主。

为了考验求婚者的智慧，所罗门王随手画了一个以许多三角形组成的图案，要求求婚者数出图案里一共有多少个三角形，答案正确便可迎娶公主。请问，图案上到底有多少个三角形呢？

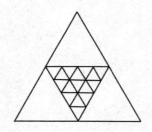

必胜秘诀

两个人在围棋盘上轮流放棋子，一次只能放一枚，要求棋子之间不能重叠，也不能越过棋盘的边界，棋盘上再也不能放下一枚棋子时，游戏结束。谁放下了最后一枚棋子，谁获胜。

如果你先放棋子，有没有确保必胜的秘诀？

用数字 1 到 36 填入缺失数字的方格中，使得每一行、列及两条对角线上的 6 个数之和分别都等于 111。

这是源自中国的一个古老的魔方，它作为驱魔的神物被埋在房子下面。

28		3		35	
	18		24		1
7		12		22	
	13		19		29
5		15		25	
	33		6		9

八阶魔方

本杰明·富兰克林的八阶魔方诞生于 1750 年，包含了从 1 到 64 的所有数字，并以每行、每列的和为 260 的方式进行排列。

你能填出缺失的数字吗？

52		4		20		36	
14	3	62	51	46	35	30	19
53		5		21		37	
11	6	59	54	43	38	27	22
55		7		23		39	
9	8	57	56	41	40	25	24
50		2		18		34	
16	1	64	49	48	33	32	17

图形想象类游戏

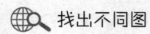 找出不同图

找一找，哪个图形不同于其他？

A　　B　　C　　D　　E　F　G

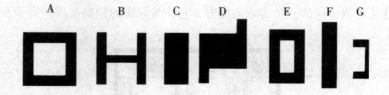

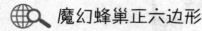 魔幻蜂巢正六边形

要创造出满足以下条件的二阶蜂巢六边形魔方是不可能的：将数字 1 到 7 排列到右边的蜂巢中，使得每一直行的和相等。

你能证明它为什么不可能存在吗？

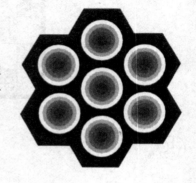

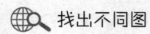 魔"数"蜂巢

你能将数字 1 到 8 填入下图的圆圈内，使游戏板上任何一处相邻的数字都不是连续的？

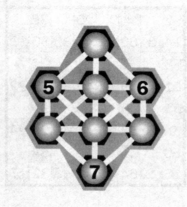

七角星魔方

你能将数字 1 到 14 填入如图的七角星圆圈内，使得每条直线上数字之和为 30 吗？

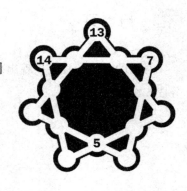

正方形翻倍

用 12 根火柴能够摆出大小 5 个正方形。再给你 4 根，让你把正方形的数量翻一番，达到 10 个，行吗？

面积减半

这是一个 4×3 的图形，用 12 根火柴确定了一个三角形，这个三角形占用了一半的面积。试一试，只移动 4 根火柴，能不能把现在的面积再减少一半。

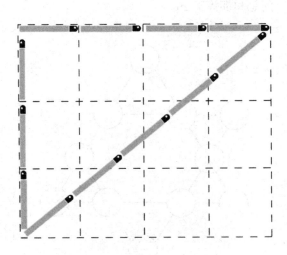

图形想象类游戏

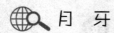 月 牙

月初的时候，月亮显现出来的是月牙形。请你用 2 条直线把一个月牙形分成 6 个部分。

圆圈填数

在这道谜题中，你必须运用到的是从 1 到 12 的数字，每个圆圈中只能放入一个数字，而且所有的数字都要用上。将数字全部安放正确，使得所有各行 4 个数字的总和都等于 26。

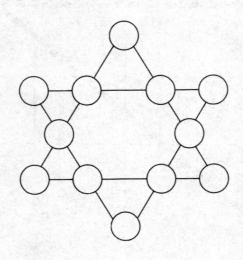

🔍 大圆小圆

利用 0 到 5 这 6 个数字，在每一个小圆上填一个数字，使围绕每个大圆的数值加起来都等于 10。

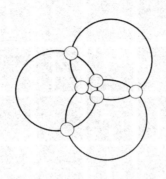

🔍 循序猜图

图中各个图形是按一定顺序排列的，按照这一顺序，接下来的一幅图应该是 A、B、C、D、E 中的哪一个？

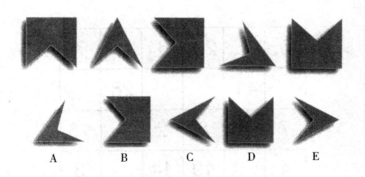

A   B   C   D   E

🔍 自创的跳棋

伯塔与伙伴们设计了一副自娱的数字跳棋（如图所示），空闲的时候，这副数字跳棋成了伯塔与玩伴们最喜欢的伙伴。晚上，当伯塔准备与伙伴们玩跳棋的时候，发现数字棋子不见了。在每一行、每一列，以及这个数字棋盘的 2 条对角线，都包含了 1、2、3、4 几个数字棋子。在这个数字棋盘里，已经标示了部分数字棋子。你能根据这一规则把方格里的数字棋子找到吗？

  正方形数局

要完成这道题，最后一个正方形中，问号部分应该换成什么数字？

3		23	6		7
	41			28	
7		8	2		13
4		19	14		3
	45			47	
17		5	11		?

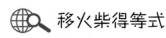 移火柴得等式

将其中一根火柴移到另一个位置使得等式成立。

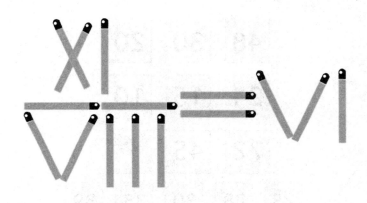

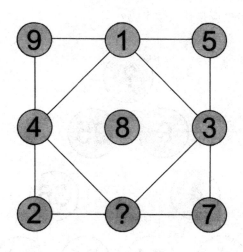 填数做题①

算一算，在问号的地方填上什么数字可以完成这道题？

填数做题②

要完成这道题，你认为问号一格应该换成什么数字？

48	30	20
24	15	10
72	45	?

25	28	30	35	39

  填数做题③

你能算出问号处应是什么数字吗？

```
            ?
         9     25
       4           36
    1    81   64    49
```

巧摆硬币

将 8 枚硬币按图中所示摆放。你能只变更一个硬币的位置，使得每个方向上的每一排都有 5 枚硬币吗？

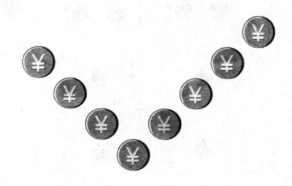

猜猜缺什么

你能看出图中缺少哪张扑克牌吗？

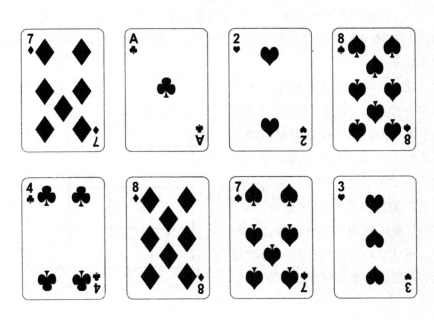

图形想象类游戏

写给外星人的信

一个四阶幻方图就是在一个 4×4 的带 16 个方格的方阵图中，每格分别填入 1 至 16 十六个数字，使每行、每列及两条对角线上的四个数之和都相等。

这个四阶幻方图是在印度卡俱拉霍被发现的，它是 11 世纪时刻在一个碑上的。德国画家阿尔伯特·丢勒在他 1514 年所作的蚀刻画《忧郁》中加入了这个幻方。它比一般意义上的幻方有更多的奇妙之处，它不只要求对角线的四个数之和相等（等于 34），而且任何一条对角线上四数之和也都等于 34。也就是说，幻方的上边第一行移到最下一行，或左边第一行移到最右一行，仍是幻方。而且每相邻的四个数之和也等于34。

1977 年，美国发射的"旅行者号"宇宙飞船上，就带了一张四阶幻方图。现在就请你来填填这个幻方图。

填图游戏

按照下面的排列顺序，空缺处的图形是什么？

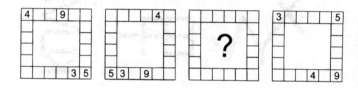

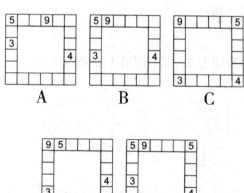

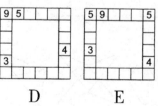

找出不同项

下面哪一项与其他四项都不同？

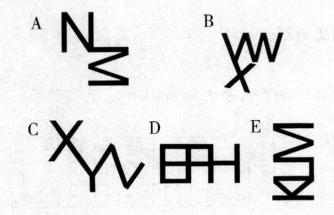

 寻找对应图

如果图形 1 对应图形 2，那么图形 3 对应哪一个？

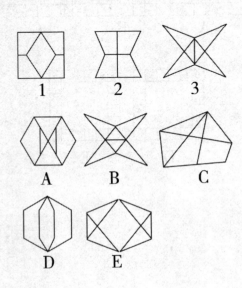

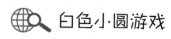 白色小圆游戏

下列方框中标注问号的地方应该填上几个白色小圆？

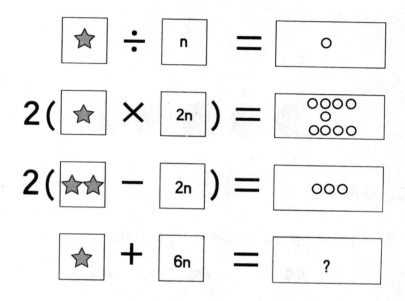

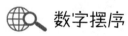 数字摆序

用下面给出的数字组成一个连续数序列。你只需使用 10 个数字中的 9 个。

钟表的时间

空白钟表应该显示什么时间?

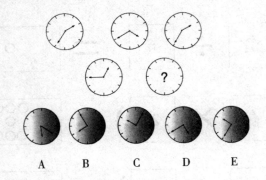

A   B   C   D   E

 移形变图

移动两根火柴，变成 4 个三角形和 3 个平行四边形。

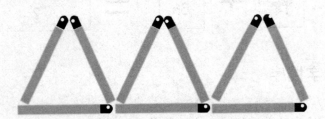

猜图案

下一个图案是什么?

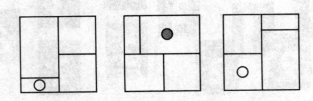

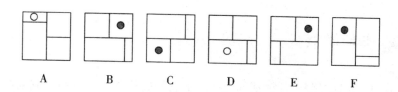

A   B   C   D   E   F

《静夜思》的数字游戏

被誉为"诗仙"的李白，有一首著名的诗《静夜思》，这首诗共有20个字，恰好组成了下列两组算式：

床前＝明月＋光，

疑是＝地上×霜。

举头＋望＝明月，

低头×思＝故乡。

其中，每个汉字分别代表0～9中的一个不同的数字，相同的汉字表示相同的数。你能破解这个算式的谜题，把每个字代表的数字写出来吗？

提示：可以以诗中的"头"字为解题点。

摆陶块解题

在庞培古都的挖掘过程中，挖掘出5个陶块。结果发现，它们是一个陶匾的组成部分。所有陶块上都刻有罗马数字和符号，好像是一道数学题。正确摆放这些陶块的顺序，组成一个完整且正确的等式。

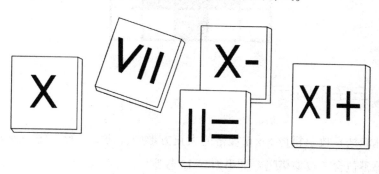

图形想象类游戏

卡片游戏

2、1、6 这 3 张卡片，请你变换一下它们的位置，使它们变成刚好能被 43 除尽的一个 3 位数。

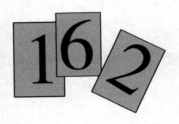

数字幻方

将 1 到 25 这 25 个自然数分别填入下图的方格中，使每行、每列和每条对角线上的数字之和为 65，而且要求在涂了颜色的方格中的数字必须是奇数。

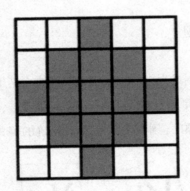

三子不同行

你能把 6 枚象棋放 6×6 规格的大正方形中，使每一行、每一列或每一斜行都不包含 3 枚象棋吗？如果放入 12 枚呢？

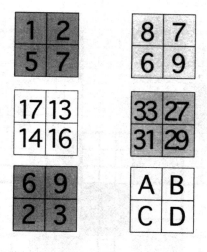

（表格图，第一行左侧竖排：帥 仕 相 馬 車 炮，右侧为空白6×6格子）

四格填数

在最后一个表格中，A、B、C、D 四格中应该是什么数字？

1	2
5	7

8	7
6	9

17	13
14	16

33	27
31	29

6	9
2	3

A	B
C	D

数字迷宫

你要在这个迷宫中，走到标示着"F"的终点，并且你只能直线前进，图中每个格子里面的数字代表下一步你可以走几格。从左上方的"3"处开始，所以如图所示，下一步你只有两种走法。

图形想象类游戏

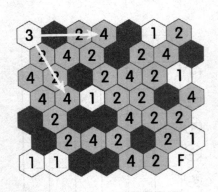

 超级武士数独

　　这是一个超难的数独迷宫，要求每个大九宫格里每一行、每一列以及每一个小九宫格都必须包含1~9这9个数字。现在你需要的是时间和超级的推理思维。

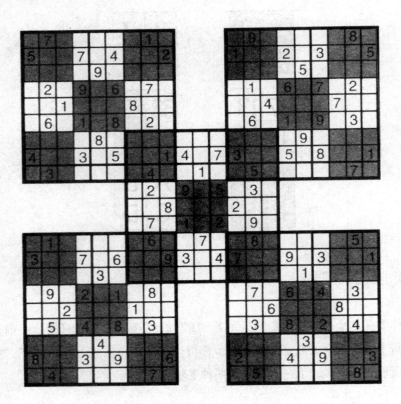

奇妙幻星

你能将 1～19 的数字填入图中六角星的 19 个交点上，构成一个幻星，并使每一条直线上的 5 个数字之和都相等吗？

菱形迷宫

把数字 1 到 12 不重复地填入下面由菱形组成的迷宫中，使每一个菱形四个角上的数的和都是 26。

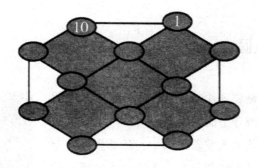

圆圈填数

图中 9 个圆圈组成 4 个等式，其 12 个是横式，一个是竖式。你知道如何在这 9 个圆圈中填入 1～9 九个数字，使得这 4 个等式都成立吗？注意，1～9 这 9 个数字，每个必须填 1 次，即不允许一个数字填 2 次。

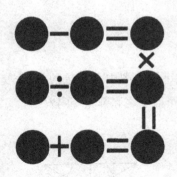

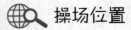 操场位置

老师在一个正方形操场上设立了一些位置，在表格＋标上的数字代表学生所在的位置，除此之外，这些数字也表示了该学生相邻的空格中站着几个人，例如"0"表示该学生周围都没有人。你能运用自己的智慧，将所有的学生正确标示在方格中吗？（操场上共有4个人）

八子入圆

谜题的目标是将8个棋子连续放入游戏板的8个圆中，但必须遵守下面的简单规则：

每个棋子必须放入空着的圆中，从那里沿着与圆相连的直线滑动到相邻的另一个空位上，那里就是它的定居点，不再移动，直到游戏结束。

无论你从哪里开始，要解开这道谜题都会有一个简单的策略。你能想出来吗？

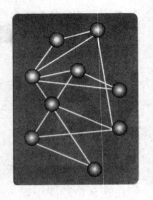

空格内是什么

有一个如图所示的数字板，请转动你的脑筋，猜一猜空格内应填入一些什么？

数等边三角形

发挥你的想象力，仔细数一数，图形中到底有多少个大小不同的等边三角形？

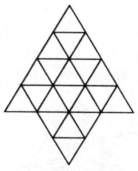

填扑克解题

仔细看一看，在空白处放置哪张扑克牌可以解开这道谜题？

图形想象类游戏

 阿拉伯人的头巾

　　阿拉伯国家的人喜欢戴头巾，他们的头巾各式各样，十分好看。如图这块带刺绣的正方形的头巾是由很多个小正方形组成的。你能数出头巾中共有多少个正方形吗？

 变三角形

　　10 枚硬币排成三角形，如果让这个三角形朝下，只允许移动 3 枚硬币，该怎么移？

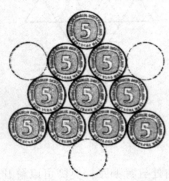

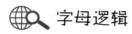 **字母逻辑**

依照如图的逻辑，说说 Z 应该是黑色还是白色？

 填空格

下面这道题目经常出现在公务员的考试中。请仔细观察，想想问号处该填什么？

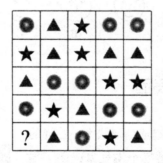

 图形推理

请问 A、B、C、D、E 这一序列的下一个应是什么样的？

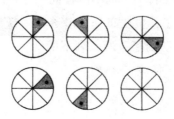

图形想象类游戏

第8个形象

图中头7个脸面形象的变化有一定的规则。最下面的 A、B、C 三图中，哪一个符合这一规则的第8个形象？

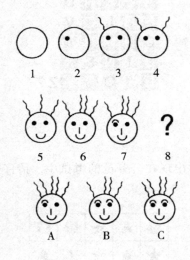

互相牵制的局面

一块有 36 个白方格组成的形状大小一样的正方形白布上，不小心被哪个淘气鬼碰倒了墨水。墨水正好洒在正方形白布的两条对角线处。有位老先生说只要在干净处滴上 8 滴他特制的药水就可以让墨水自动消除，但是这 8 滴药水不能处在同一横行或者竖行上，也不准在同一条对角线上，如果违反了，整块布都会渗透成黑色。现在，老先生自己滴了一滴，剩下的 7 滴由你自己想办法解决，你该怎么做？

六边形里的图案

观察这个由六边形组成的图案，找出空白的六边形里应该填什么图案。

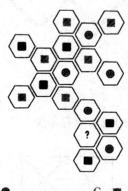

A. ■　　　　　　B. ●　　　　　　C. ■

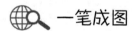 一笔成图

这6幅图有一些是可以一笔画出来的，有一些是不能一笔画出来的。你能判断出哪些图能一笔画出来，哪些图不能一笔画出来？要求是不能重复已画的路线。

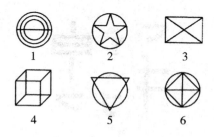

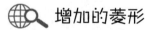 增加的菱形

每移动2根火柴增加一个菱形，连续5次直到变成8个菱形。

图形想象类游戏

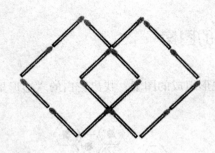

🔍 复杂的图形

数一数在下面这个复杂的图形中有多少个正方形？有多少个三角形？

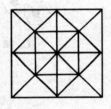

🔍 藏宝图

仔细观察这些图片。将它们重新排列，你将会得到藏宝处的提示。

🔍 孤独的星星

下图中，哪一颗星星不属于这个星座？

棋盘上的棋子

下图是一个棋盘，棋盘上放有 6 颗棋子，请你再在棋盘上放 8 颗棋子，使得：

（1）每条横线上和直线上部有 3 颗棋子。

（2）9 个小方格的边上都有 3 颗棋子。

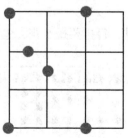

小猴的游戏

聪明的小猴拿着 10 根火柴棒在院子里摆弄不停。小兔子问他在干什么，小猴说他要完成妈妈交给他的任务，用 10 根火柴拼成一个含有 10 个三角

图形想象类游戏

形、2 个正方形、2 个梯形和 5 个长方形的图形。可小猴怎么拼也达不到妈妈的要求，小兔子一把接过他手中的火柴棒，两三下就拼成了。你知道小兔子拼成的图是什么样的吗？

精美刺绣

吉莉丝家有一块珍藏了很久的刺绣，这块刺绣的做工非常精美。可是，刺绣的形状有点怪异（如图）。一天，妈妈将这块刺绣从柜子里面拿出来，想让吉莉丝把它拼成一个正方形，前提是只能剪 2 次。吉莉丝看了半天也不敢动手，你能帮帮吉莉丝吗？

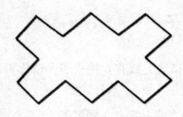

摆牌游戏

24 张扑克牌要排成 6 排，每排要排 5 张，怎么排？

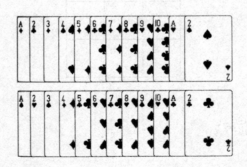

人形数字

完成这道题，需要在最后一个圆中补充上什么数字？

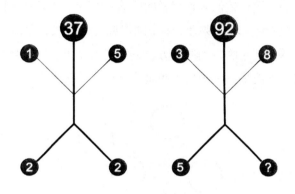

死亡密码

此图中 DAED（死亡密码）一词完整地出现了 2 次，它们的排列横竖、斜正、正倒都有可能。你能找出来吗？

E	A	E	D	E	A	A	D	E	D	E	E	A	D	E	A
A	E	D	E	D	A	D	D	A	D	E	E	D	A	D	E
D	D	A	E	E	D	A	A	D	A	A	D	E	A	E	D
E	D	D	E	A	E	A	A	A	E	D	A	D	D	A	D
A	D	A	D	E	A	E	D	A	A	D	A	D	D	E	A
E	D	A	A	D	A	D	E	D	A	A	D	A	E	A	D
D	A	E	E	E	A	A	D	E	E	D	A	D	E	A	
A	D	A	D	A	A	D	A	A	D	D	A	D	D	A	E
E	D	A	A	D	E	D	A	A	D	D	A	A	D	A	E
A	D	D	A	D	A	D	A	A	A	A	E	D	E	A	E
D	A	D	D	A	D	A	D	A	D	A	D	A	D	A	D
E	D	D	A	D	D	E	D	E	A	D	D	A	A	D	A
A	E	A	D	A	A	A	E	A	D	D	A	E	A	A	D
E	A	D	A	A	A	D	D	E	A	E	A	D	D	E	D
D	E	D	A	D	D	A	E	A	D	A	E	E	A	E	A

图形想象类游戏

招收关门弟子

听说智者要招收最后一个学生，很多聪明的人都想成为智者的学生，以便学到更多的知识。他们来到智者的门前，看到了智者画在墙上的 6 个小圆（如图）。旁注说：现在要把 3 个小圆连成一条直线，只能连出两条，如果擦掉一个小圆，把它画在别的地方，就能连出 4 条直线，且每条直线上也都有 3 个小圆。谁能第一个画出，我就收谁做我的学生。

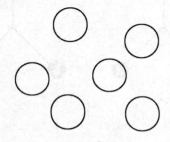

两两不相等

请你把 6 枚象棋子放入 6×6 规格的大正方形中，使得每两枚象棋子之间的距离都不相等。

帅	仕	相	馬	車	炮

拼出正方形

下图是一个奇形怪状的"十字形"。你能否把它分为四部分，再拼成一个规则的正方形？

联邦调查局的难题

联邦调查局最近接到一份恐怖分子发来的密函（如图）。联邦调查局的破译组成员连夜对其进行解密，从古罗马文化联想到古巴比伦文化，再到古埃及的符号，用各种各样的方法和假设都没能解开谜底。一天，一位新来的助手得知此事后，随手拿起这份密函，希望能从中找出一点蛛丝马迹。果然，不到一分钟。新助手告诉大家这是一份类似于恶作剧的挑衅书，目的是转移联邦调查局的视线。

你知道新来的助手发现了什么秘密吗？

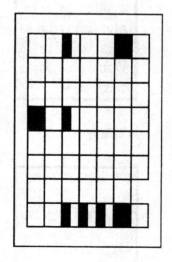

图形想象类游戏

参考答案

求婚门槛

透过仔细观察得出，所罗门王画的图案中一共有 31 个面积不同的等边三角形。

必胜秘诀

第一枚棋子放在棋盘的正中间，也就是围棋盘的天元上。此后无论对方在中心点之外选取哪一点放棋子，你都可以以中心点为对称点，找到它的一个对称点。这样，只要对方能找到放棋子的位置，你同样也能找到相应的放置位置。因此，你必能获胜。

六阶魔方

28	4	3	31	35	10
36	18	21	24	11	1
7	23	12	17	22	30
8	13	26	19	16	29
5	20	15	14	25	32
27	33	34	6	2	9

八阶魔方

52	61	4	13	20	29	36	45
14	3	62	51	46	35	30	19
53	60	5	12	21	28	37	44
11	6	59	54	43	38	27	22
55	58	7	10	23	26	39	42
9	8	57	56	41	40	25	24
50	63	2	15	18	31	34	47
16	1	64	49	48	33	32	17

找出不同图

D。其他的图形都是对称图形。

魔幻蜂巢正六边形

很明显二阶六边形魔方是不可能存在的。最简单的证据就是 28 不能被 3 整除。

魔"数"蜂巢

七角星魔方

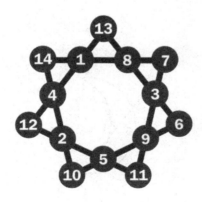

图形想象类游戏

正方形翻倍

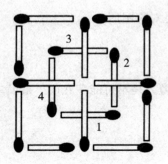

面积减半

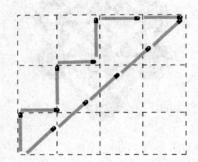

月　牙

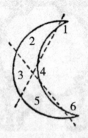

圆圈填数

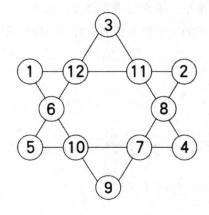

大圆小圆

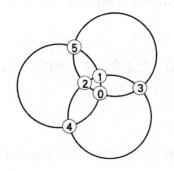

循序猜图

A。大图形每次顺时针旋转 90°，小图形每次顺时针旋转 120°。

自创的跳棋

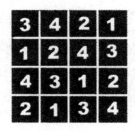

图形想象类游戏

正方形数局

19。把这个图形水平、垂直分成 4 部分，形成 4 个 3×3 的正方形。在每个正方形中，把外面的 4 个数字相加，所得的和就是中间的数字。

移火柴得等式

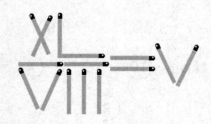

填数做题①

6。无论你是纵向计算还是横向计算，这些数字相加都等于 15。

填数做题②

30。按纵列进行计算，把上面的数字除以 2，就是中间的数字，再把中间的数字乘以 3，就是下面的数字。

填数做题③

16。如果你从三角形左下角进行计算，围绕这个三角形按顺时针方向移动，这些数字分别是 1、2、3、4、5、6、7、8、9 的平方数。

巧摆硬币

将右边第 5 个硬币放在拐角处的硬币上。

猜猜缺什么

红桃 A。在每一行中，红色扑克牌的数字之和等于黑色扑克牌数字之和，每一行扑克牌的花色均不相同。

写给外星人的信

据说，四阶幻方的填法共有880种之多，这里给出的是其中两个答案。

16	3	2	13
5	10	11	8
9	6	7	12
4	15	14	1

16	5	2	11
3	10	13	8
9	4	7	14
6	15	12	1

填图游戏

答案是B。每个数字向顺时针方向移动该数字对应的次数。

找出不同项

D。D里面包含E，F，H这三个字母。而其他项里面的字母在字母表中的顺序都是相连的。

寻找对应图

E。如图所示，图形A和图形B交换了位置。

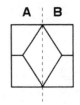 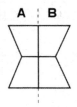

白色小圆游戏

6个，★ = 3，n = 3/2，○ = 2。

图形想象类游戏

数字摆序

229，230，231。

钟表的时间

D。时针都位于每个钟表的右半边，分针都位于左半边。

移形变图

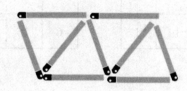

猜图案

B。每个图案都比上一个顺时针旋转了90°。圆圈每次都会沿顺时针方向移动到下一个方格里，颜色也会发生变化，白色和粉色交替出现。

《静夜思》的数字游戏

$$\boxed{7}\boxed{1} = \boxed{6}\boxed{8} + \boxed{3}$$
$$\boxed{9}\boxed{0} = \boxed{4}\boxed{5} \times \boxed{2}$$
$$\boxed{3}\boxed{4} \times \boxed{2} = \boxed{6}\boxed{8}$$
$$\boxed{1}\boxed{4} \times \boxed{5} = \boxed{7}\boxed{0}$$

摆陶块解题

XI + II = XX – VII

卡片游戏

此题解答的关键是把"6"这张卡片颠倒过来变成"9"，这样就是"1"、"2"、"9"。

数字幻方

想必不少人都看过《射雕英雄传》，当然记得瑛姑曾给黄蓉出过这样一道题：用 1 到 9 这九个数排成三行三列，使每行、每列之和相等。这就是最简单的幻方。

14	10	1	22	18
20	11	7	3	24
21	17	13	9	5
2	23	19	15	6
8	4	25	16	12

三子不同行

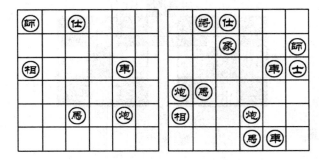

四格填数

A 是 9，B 是 11，C 是 8，D 是 12

它们是按照如下规律得出的。例如：

每对正方形中，第一个正方形内的数字按如下规律相加，即得到第二个正方形内的数字。

1	2
5	7

图形想象类游戏

数字迷宫

超级武士数独

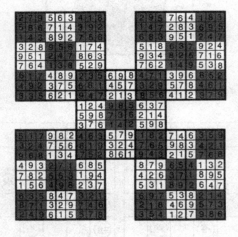

奇妙幻星

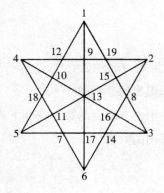

菱形迷宫

由于四个数字相加之和是 26，考虑到 1 至 12 这十二个数在 5 个菱形中其大小宜协调、均衡分布，因此每组数字两两之和适宜在 12 ~ 14 之间，如 $10 + 4 = 14$，$7 + 5 = 12$，$6 + 7 = 13$，$9 + 3 = 12$，等等。这样考虑的话，填数就简单得多了。

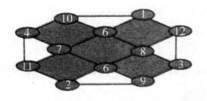

圆圈填数

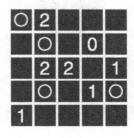

操场位置

八子入圆

简单的策略就是：要放置这 8 枚棋子，就要记住每次你放一个棋子，它的最终位置应该是上一个的开始位置。如此考虑的话，就总会有一条路。

一个很现实的办法就是把 8 枚棋子先摆上去，然后逆向思维。

空格内是什么

空格中应填入#和＊。这个数字板实际上是电话机上的号码键排列位置。

数等边三角形

35 个。

填扑克解题

梅花 9。在图中每一列，把上下两张牌的数值相加，所得的和减去 2，就得到中间这张牌的数值。

阿拉伯人的头巾

11 个。

变三角形

字母逻辑

Z 应该是黑色。因为所有的黑色字母都能一笔写完，白色的字母就不能。

填空格

这张图里的 3 种图案排列，由里到外形成一个漩涡状，排列的顺序依序如图所示：

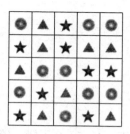

图形推理

从第一圆圈内黑点开始，首先逆时针退1格，再顺时针进3格，如此反复。

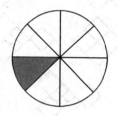

第8个形象

A。规律是：脸部加一画，在脸部加一画和一根头发，再加一根头发，再在脸部加一画和加一根头发。如此反复。

互相牵制的局面

六边形里的图案

C。

一笔成图

1、2、3 可以一笔画出来，4、5、6 不能一笔画出来。

增加的菱形

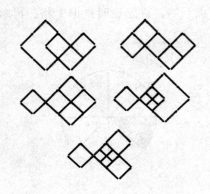

复杂的图形

15 个正方形，72 个三角形。

藏宝图

藏宝图在书桌里。

书桌

孤独的星星

上中方的星星。因为其他的同色星星都可以分别成为正三角形。

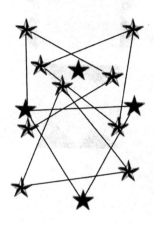

棋盘上的棋子

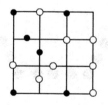

小猴的游戏

精美刺绣

摆牌游戏

人形数字

4。在每个图中，把小人两只手上的数字和脚上的数字都看成是 2 位数，两数相加，就得到头部的数字。

死亡密码

如图。

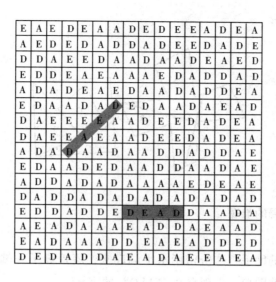

招收关门弟子

把最左边的小圆画在极远的右边。如图：

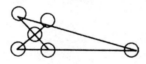

两两不相等

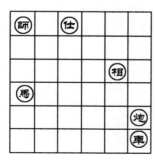
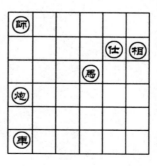

· 155 ·

拼出正方形

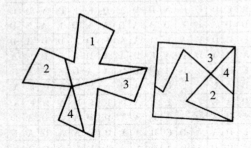

联邦调查局的难题

这位新来的助手将这份密函水平端起来，凑近鼻子一端，闭上一只眼睛，斜斜地看着图形，发现有"HELLO"的字样。

假设想象类游戏

假如卢浮宫失火

一份美国报纸曾经刊登过一则启事以征求最佳答案——假如卢浮宫不幸失火了，你只能救出一幅画，那么，你将抢救其中的哪一幅？

巴黎公社运动

有一个青年要参加巴黎公社运动，但他的父亲劝阻他说："如果你做的是一件正直的事情，你就要受到恶势力的侵害；如果你做的是一件邪恶的事情，那么上帝就会惩罚你，你总要受到伤害，所以你不要去了。"

但是青年想参加这项运动，他巧妙地回答了那个问题，说服了父亲。你知道他是怎么回答的吗？

难倒智多星

智多星对众人说："如果谁能提出一个难倒我的问题，我就服从谁。"你能提出一个难倒他的问题吗？

疯狂的艺术家

有一位疯狂的艺术家为了寻找灵感，把一张厚为 0.1 毫米的很大的纸对半撕开，重叠起来，然后再撕成两半叠起来。假设他如此重复这一过程 25 次，这叠纸会有多厚？

A. 像山一样高　　　　　　B. 像一个人一样高

C. 像一栋房子一样高　　　D. 像一本书那么厚

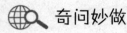 奇问妙做

你知道如何只用三步就把大象装进冰箱吗？如何只用四步把犀牛装进冰箱？另一个问题：森林召开动物大会，哪只动物没有去？如果一位科学家要过一条满是野兽的峡谷，以前他是通过一条独木桥走过去的，但这天独木桥坏了，他要怎么过去呢？

牺牲哪一位

英国一家著名的报纸举办智力竞赛，为下面的难题征求答案：三个名人都对人类立过不朽之功，其中一个在医学上有过重大贡献，一个是著名的化学家，一个是举世瞩目的核物理学家。有一天，三人搭乘同一个气球。突然，气球遇到风暴，要把其中一人推下去，才能确保另外两人的安全。这三人中，究竟应该牺牲哪一位？

太阳看不到的东西

太阳对白云说："地球上的东西，我几乎都能看透，除了白天屋外的一个东西，这种东西视力正常的人都看过，唯独我看不到。"

白云说："这东西是你自己吗？"

太阳说："我不是地球上的，当然不是我了。"白云怎么也想不到太阳不能看到的东西是什么。聪明的读者，你知道吗？

皇妃与侍女

一个皇帝有 20 个皇妃，20 个皇妃相互的关系并不融洽，而且她们每人都有一个坏侍女。虽然每一个皇妃都知道其他皇妃的侍女是坏人，但由于她们之间关系不融洽，因此她们都不知道自己的侍女是否是坏人。

皇上知道此事后，把 20 个皇妃召集在一起说："在跟随你们的侍女中，至少有一个坏人。作为主人，如果知道了自己的侍女是坏人就必须立刻杀了她；如果知道了又不杀的话，那自己的脑袋就保不住了。我给你们 20 天的时间进行选择。"

为此，皇上办了一早报，如果哪位侍女被杀了，就会刊登在早报上，可 19 天都平静地过去了，在第 20 天早晨，仍然没有哪一位皇妃杀自己侍女的消息。请问：接下去的情况将会怎么样呢？

机器猫的问题

机器猫说："在一个星球上，当你扔出一块石头后，它只在空中飞了一小段距离后会停顿在半空中，再向你的方向飞回来，当然它绝不是碰到了什么东西被弹回来。"

你知道机器猫说的是哪个星球吗？

世界末日的时刻

一篇科幻小说的开始是这样的：地球上最后一位女子，坐在书桌前写人类的最后一本书，书的内容是记载她所看到的人类毁灭的过程，这时，响起了一阵敲门声。

是鬼魂？是外星人？是动物？都不是，但确实是一阵有节奏的真切的敲门声，那么是谁发出的声音呢？

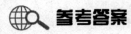 **参考答案**

假如卢浮宫失火

最后评出的最优答案是：挂在离窗口最近的那幅。

巴黎公社运动

青年说："如果我做的是一件正直的事情，那么就会受到上帝的保护；如果我做的是一件邪恶的事情，恶势力是不会为难我的，所以无论如何，我都会平安的。"

难倒智多星

你可以对智多星说："为了使你服从我，我应提什么问题才能难倒你？"这时智多星就落进了你设的陷阱。他如果能告诉你一个可以难倒他的问题，你就可以用这个问题去难倒他；如果他不能告诉一个可以难倒你的问题，那么这就已经难倒了他。

疯狂的艺术家

A。这叠纸的厚度将达到 3355.4432 米，有一座山那么高。

奇问妙做

装大象的问题：第一步，把冰箱打开；第二步，把大象放进去；第三步，关上门。装犀牛的问题：第一步，打开冰箱；第二步，把大象取出来；第三步，把犀牛放进去；第四步，关上冰箱。没有去的动物是犀牛，它在冰箱里。这位科学家想怎么过山谷就怎么过，反正动物都在开会呢。

牺牲哪一位

该报收到了成千上万的应征信，信中都用长篇大论来说明那三个人的

丰功伟绩，但评判员都不满意。最后得到头奖的却是一个 12 岁的小孩。你猜，这个 12 岁的小孩认为三人中应该牺牲哪一位？把三个人中体重最重的一个人推下去，以解决问题的主要矛盾。

太阳看不到的东西

阳光所造成的阴影。

皇妃与侍女

这 20 位皇妃都立刻杀了自己的侍女。

假设皇妃只有 A、B 两个人，A 皇妃肯定会想：B 肯定知道我的侍女是好是坏，如果我的侍女是好人，她肯定会杀了她的侍女，结果就会刊登在第二天的早报上。如果早报没有刊登这条消息，那么我就在第二天杀了我的侍女。……依此类推。到第 20 天，早报上仍没有刊登消息，那么所有的皇妃就都杀了自己的侍女。

机器猫的问题

地球。在地球上你随便往上空扔一个小石头，它都会弹回来的。

世界末日的时刻

是一个男子。

假设想象类游戏

其他想象类游戏

 ## 夫妻的共同点

人们总是说，夫妻之间要懂得包容和理解，是因为人和人之间有很多的不同。但是，任何一对夫妻，在生活中都有一个绝对的共同点，你知道是什么吗？

 ## 调皮女孩的年龄

有一个古灵精怪的女孩在别人问她的年龄的时候，她说："我后天就满22 岁了，可是我在去年的元旦，还只有 19 岁呢。"

你说，这是可能的吗？

没有脚印的美女

在一个没有月亮的傍晚，张先生在海边的沙滩上看到了一个绝色的美女，她一个人孤独而忧伤地走着，他对那个女孩产生了好奇心，这时那个女孩回头看了一眼，他也跟着那个女孩的眼神看着那个女孩身后的沙滩上，居然没有看到脚印。

这是怎么回事呢？

🔍 电话事件

小明失恋很久了，一直没有找到新的女朋友，当他一个人待在房间里的时候，感觉特别寂寞和孤独。他无法忍受这种感觉，于是随便拿起电话想找一个人聊聊天，他拨了5次电话，每次都听到了很好听的女性的声音，他觉得今天的运气一定特别的好。

你说这是巧合呢还是他的错觉？

🔍 天气预报

天气预报："今天半夜12点会下雨。"则再过72小时后，会出现太阳吗？

🔍 不掉牙的老头

老王从50岁到90岁过世时都不掉一个牙，你知道为什么吗？

🔍 赫尔小·姐的罗曼之夜

赫尔小姐开着两用车到达一个地方时，夜幕已经降临了。这里距她要去的一个地方还有50英里，她想还是再核对一下旅行路线为好，于是下车走进了路旁的一家酒店。

两杯酒下肚，疲倦的身体便感到十分舒适，当赫尔小姐再抬起头时，发现一名英俊的小伙子坐在对面痴痴地看着她。

小伙子说他叫哈林顿——听起来真是一个漂亮的名字，他多少次做梦都梦见和赫尔小姐一模一样的人，今天总算遇上了。赫尔小姐听了很高兴——大概所有的女人都爱听这种罗曼蒂克的话。他们端起酒杯共饮起来。

小伙子听说赫尔小姐要到阿尔巴尼，而且路途不熟，就告诫赫尔小姐

其他想象类游戏

说这地方很不安全，有一个叫巴比伦的坏蛋经常在这路上拦劫。后来他自告奋勇地表示要做她的保镖，把她送到想去的地方。

他们行驶只有 5 英里，一辆汽车强烈的前灯光从后面射来。

哈林顿转身去看，突然大叫："是巴比伦，大胡子巴比伦，我认识他，他会杀死我们的!"

哈林顿要赫尔小姐拐进黝黑的小路里躲一下。道路很黑，赫尔小姐又不熟，但是她决定仍旧沿着这条大道往前开。后面的车很快超过他们继续往前行驶了。哈林顿又吓唬说，一定是巴比伦准备在前面拦截他们。

这时赫尔小姐识破了哈林顿的诡计——他想把她带入歧途再对付自己。当赫尔小姐指出他的阴谋时，闹剧结束了。

赫尔小姐一个人驾车疾驶而去，虽然感到晦气，却不无初次成功的快意：她能够警惕漂亮脸蛋背后的狡诈了。

请问，赫尔小姐根据什么确定自己在遭暗算？

🌐🔍 中选的新部门经理

有一个著名的企业根据商业的行情，成立了一个新的部门，于是董事会决定选出这个新部门的经理。

他们召集了所有的雇员，让他们自报条件候选，并且要他们推荐自己认为可能的第二候选人。最后，董事会根据所有的名单选出了部门经理。

你认为，中选的人应该是谁？

🌐🔍 老警察智辨狗公主

老赵是一位有着 20 年警龄的老警察。一天夜里，他路过一家老板的豪华住宅时，在路灯下见到一个着西装的小青年，手里拎着一个大提包，从大门里行色匆匆地走了出来。小青年见到了穿着警察制服的老赵，不由得一怔，便加快了脚步，想从他身边走过去。

老赵对这一带居住的人十分熟悉，他见这个小青年面孔很陌生，凭着直觉，便喊了一声："你，站住！"

那个青年人停下了脚步，说道："什么事情？"

老赵上下打量了一下，发现这个年轻人虽然故作镇静，可眼神却飘忽不定，就不由得起了疑心：这么晚了，他干什么去？

小青年马上又补充了一句："我就住在这里，公司里有事，回来取点东西。"说完又要走开。

老赵侧耳向住宅里听了听，心中更加怀疑了：外面这样大声说话，里面却一点动静也没有，这说明住宅里根本没人。于是他又上下打量了一下小青年，说："请你跟我走一趟。"

小青年急了："怎么，我从自己家里取点东西，难道也犯法吗？"话音刚落，从院子里跑出来一条很漂亮的卷毛小狗，冲着这个小青年直摇尾巴。小青年摸着小狗的头说："你看，这是我家的小母狗，名字叫'公主'。"

老赵这下没有理由再怀疑了，连小狗都对他这么亲热，看样子大概自己真的错了，于是说："对不起，请你走吧。"

恰在这时，小狗突然跑到一边的小树旁，抬起了一条后腿，撒了一泡尿。老赵见了，马上伸手抓住这个小青年说道："错不了，你一定是个小偷。"

为什么老赵断定这个小青年是小偷呢？

眼见万里长城

有一个美国人，他从未去过美国以外的任何国家。这一天，他站在坚固的地面上，亲眼看到了中国的万里长城，不是通过电视或者照片，而是看到了实物。他是怎么办到的呢？

容貌变形之谜

我的容貌长得不俊不丑，是一副端端正正很普通的模样。一次，我用新买回的镜子照了一下眼和口，还是很准确的，但鼻子有些奇怪，而耳朵则完全照变形了，试问是什么原因呢？补充说明一点：我照的不是哈哈镜。

穿越森林

一名探险家在前往拉丁美洲的途中，遇到一片茂密的森林，于是他鼓起勇气穿越。请问他最多能走进森林多远呢？

两岁山

在某个国家里，有一座高山，海拔为 12365 英尺。当地人依此数据，称它为"两岁山"。请问是什么原因呢？

被雨淋反而高兴

小王在回家的时候，突然下了大雨，他没有带雨具，所以被雨淋透了。正因为如此，他感到高兴起来，你知道这是怎么回事吗？

最好的方法

小华和小明是好朋友，两家相距有 50 米远，两家附近没有其他的邻居。

这天，电视上播放了《变形金刚》，小华很想让小明过来和自己一起看。

但是两家都没有装电话，现在小华的手头上有 2 个贴邮票的信封，一只蓝色的圆珠笔，一个红色的气球，一个很大的纸飞机，一个小刀，要是在不去小明家邀请他的情况下，小华如何尽快通知到小明，让他过来呢？

喝咖啡

客人来到一家餐厅，要了一杯咖啡，当喝到一半时又兑满开水；又喝去一半时，再次兑满开水；又经过同样的两次重复过程，最终喝完了。

请计算这位客人一共喝了多少杯咖啡。

太贵的算命费

有一名男子听说一位算命先生占卜特别灵验，他就赶去拜访，想请算命先生替自己占卜一下事业、婚姻、运气和健康情况。但他到达算命先生家后才知道，算命先生每回答一个问题需要收费用 10 元。

偏偏他身上只带了 23 元，所以他就问："不管我的问题有多长，也算是一个问题吗？"算命先生说："当然。"他想了想又问："不管我的问题有多短，也算一个问题吗？"先生回答："是的。"

请问，他可以问几个他原本想问的问题？

古老的谜语

在埃及古老的墓穴中，曾发现这样一个刻在墙上的谜语：一个没有双眼的人，看到树上有李子，他摘下了李子又留下了李子。这是怎么回事呢？

臭名昭著的驾驶员

约翰是兰溪镇臭名昭著的坏驾驶员，他总是闯红灯、超速，并且在单

其他想象类游戏

行道上逆向行驶。他是镇上最令警察头痛的人物，被公认为最糟糕、最危险的驾驶员。

但令人惊讶的是，近 20 年来，约翰没有发生过车祸，也没有被警察逮捕过，驾驶证上也没有任何不良的记录。他是如何做到的呢？

假钞制造者

贝勒曼是一个假钞制造者，他花了近 4 年的时间来研究 100 美元的纸币，从质地到工艺，各个细节都考虑到了，直到他认为做出了完美的伪钞。但是，他第一次用自己做的伪钞，就被逮捕了，这是为什么呢？

结核病死亡率

美国有一个州，环境优美，空气清新，居民的文化素质很高，所有卫生条件特别好，但是，这里的肺结核病的死亡率特别高，在世界上都可以排到前列。你知道这是为什么吗？

存放的地方

有一个案件正在审理，证人说，当时他及时把一个很重要的表单夹在一本书 215 页和 216 页之间，才得以幸存，这种说法合情合理。但是，对方律师很快就指出他做的是伪证，你知道原因是什么吗？

🔍 高血压的症状

怀特近来身体不舒服，医生在对他进行身体检查的时候，测量出他的血压是一般健康人的 3 倍，但是医生并不为这件事感到担心。你知道是为什么吗？

🔍 出国旅行

小李和父母一起出国，他们在中途转机的时候，在那个国家停了一段时间，因为他们三个人都不会那个国家的语言，所以出现了一些不便的事情，小李的父母显得有些不知所措，但是小李并没有什么特别的感觉，也没有感到丝毫的不方便。你知道这是为什么吗？

🔍 出国的人

有一个人出国留学，但是，在他的旁边几乎全都是中国人，你知道这是怎么回事吗？

其他想象类游戏

没有铁轨的铁路

在一次科技博览会上，铁路工程师给大家讲了这个城市的地铁的一些情况，然后他对观众说："我们这一条线路，其中有 1 千米是没有铁轨的。"观众吓了一跳，很多人骚动不安起来。有人问："那不是很危险的吗，我一直乘坐电铁，怎么没有感觉到呢?"但是工程师告诉大家："没有关系的，通车 5 年了一直很安全，大家不要担心。"

你知道这其中的原因吗?

 残酷的战役

有两个国家，它们的皇后各有两匹战马，它们之间因为一些原因进行了一场残酷的战争，最后一个国家的两匹战马牺牲了，另一个国家的一匹战马牺牲了。在战争结束后，三匹死去的战马和一匹活着的战马并肩躺倒了一起。这究竟是怎么回事呢?

 逃跑的人

一个人在山谷里遇到了一头狼，他拼命地逃，狼就在后面追，跑了很久，前面出现了一条河，没有桥，也没有结冰，更没有船，这个人也不会游泳，但是他却过去了，这是为什么呢?

 划拳喝酒

两个好朋友在一起划拳，谁输了就要喝酒，他们用的是简单的石头、剪子、布。因为总是出现两个人同时出一样的动作，甲对乙说："我们变换一下规则吧，我们只出石头和剪子吧，如果再出现相同的动作，两个都是石头，就算是我赢;两个都是剪子，就算是你赢，这样很公平吧。"

乙同意了，于是开始新的一轮划拳，在这次的 12 次划拳中，乙赢的可能性大吗？

🔍 分钱的速度

银行举行业务能力大赛，有很多比赛项目，其中包括蒙上眼睛用手分辨真假钱，用眼睛在很短的时间内在大量的钱币中挑出假钱以及比赛数钱的速度等。有一个项目是这样的，把两名参赛者都蒙上眼睛，在他们面前分别放着一个箱子，箱子中各有 100 元钱，面值是一元和两元的，让参赛者把它们全部分开。甲几分钟就分出来了，乙却用了一个小时，你知道这是为什么吗？

🔍 好心人的狠心

赵先生上了公共汽车，他坐上了最后一个空位置。这时上来一位老奶奶，站在了他旁边。通过老奶奶的说话，可以知道她距离要下的站还有很远的路程，老奶奶就站在赵先生的旁边，但是赵先生没有一点想要让位的意思。众所周知，赵先生是一个热心肠的好人。你知道这到底是怎么回事呢？

🔍 咖啡杯里的手机

梅根不小心把自己的手机掉进装满咖啡的杯子里。他急忙伸手从杯子中取出手机，可奇怪的是梅根说自己的手指没有湿，而且连手机也没有湿。你说这可能吗？

🔍 请病假

有一天，凯凯不想上学，就让同学帮他带一张请假单给老师。为了表示自己病得很严重，凯凯用圆珠笔写了满满一张纸来描述病情，并强调自

其他想象类游戏

己因为虚弱得无法起身，而躺在病床上仰写。但老师看过之后，立刻就知道凯凯是想装病逃课。究竟老师是如何看出来的呢？

🔍 挑选理发师

婉婷来到一个小镇上，她发现全镇只有两位发型设计师并各有自己的发廊。她想要剪发却不知道哪一位的技术好，于是便先察看其中一家，结果店内不仅非常脏，发型师更是不懂打扮、头发凌乱，种种原因让她认为此名发型师技巧不纯熟。

接着，她再看另一家发廊，店面不但崭新，发型师也穿着时髦，而且头发修剪得相当好。但婉婷并未马上进去，待她稍作思考后，却返回了第一家！究竟什么原因呢？

🔍 比赛的得分

有一个人很习惯预言，他可以在任意一场 NBA 比赛之前告诉你比赛的得分，你知道他是怎么做到的吗？

🔍 近视眼购物

李明因为长期躺在床上看书，日子一久就变成一拿掉眼镜，几乎看不见外在物体的深度近视眼。虽然平时他戴有框眼镜的次数多于戴隐形眼镜，但只有购买某件物品的时候，他觉得还是戴隐形眼镜比较适合。

请问：李明购买的是什么物品呢？

被偷的小偷

羽根是一个职业小偷。一天，他溜到地铁上去作案，先偷了一位时髦小姐的钱包，等她下车后他又接连偷了一位西装革履的男子和一位白发苍苍的老太太的钱包。他兴高采烈地下了车，躲在角落里清点了一下，发现三个钱包里总共不过 10 万多日元，接着他又惊叫起来，原来与这三个钱包放在一起的他自己的钱包也不翼而飞了，那里面装着 1000 多万日元呢！他口袋里还有一张纸条，上面写着："让你这该死的小偷尝尝我的厉害，看看你偷到谁头上来了！"

猜猜看，那三个人中，究竟是谁偷了羽根的钱包呢？

糊涂岛上的孩子

糊涂岛上有两个糊涂的孩子，因为没有日历，日子总是过得糊里糊涂的，常常弄不清楚今天是星期几。于是在上学的路上，他们想把这个问题弄清楚。

其中一个孩子说："当后天变成昨天的时候，那么'今天'距离星期天的日子，将和当前变成明天时的那个'今天'距离星期天的日子相同。"

根据这个糊涂孩子说的糊涂话，你能猜出当天是星期几吗？

悬赏启事讨赏露馅

外面传来敲门声。"快去开门，汤姆。"伯恩斯坦医生喊道。他整整一天都闷闷不乐，因为他昨天不知在什么地方把祖传的那块怀表弄丢了。尽管这块怀表并不值钱，但它寄托了伯恩斯坦医生对祖辈的思念，是一件值得珍藏的纪念品。今天一早他虽然让汤姆到晚报社登一则悬赏200英镑寻找失落怀表的启事，但汤姆是那种智商偏低的人，能不能真的把事情办好，他心里一点数也没有。

"喂，你找谁？"大概受主人的感染，汤姆的声调也变得粗声粗气。"我叫泰勒·贝克斯，我是为那则关于怀表的启事来的。"

伯恩斯坦立刻从房里出来，他看见门外站着一位绅士，手中拿的正是自己的家传之物。他惊喜地把客人迎进书房，轻轻地抚摸着他的怀表。"您叫什么名字来着？噢，贝克斯·泰勒。贝克斯，对吗？太感谢了！您在哪儿捡到的？"

这位绅士点点头，欲言又止，好一会才说道："我坦白地告诉你。这表不是我捡的。我在车站看见一个小孩在兜售这块表，就用5英镑买了下来。刚才，我从才出版的晚报上看到了启事，所以就马上赶来了。"

伯恩斯坦想不到汤姆把登启事的事办得这么利索，不由得从对方手中接过了报纸。他看到报纸中缝确实有个"悬赏怀表"的标题。全文如下：

怀表属祖传遗物，悬赏200英镑，电话23100，汤姆。

医生刚想发脾气，但忽地又忍住了。

时间在静默中一点一点过去了，伯恩斯坦的脸愈来愈红，他显得格外激动。终于，他像醒狮一般猛吼道："你这个下流的骗子，你偷了我的表，还想来讨赏，给我滚！"

"你……你血口喷人，冤枉好人。"那个自称贝克斯的人大声抗议，"你凭什么说我偷了你的表？"

"事实很清楚，你这个笨蛋。"伯恩斯坦医生愤愤地说，"需要我喊个警察来评理吗？"他说着拿起电话就拨999。

"哦，千万别叫警察，我……我这就走。"这个讨赏者慌忙退出了书房，头也不回地跑了。

伯恩斯坦是根据什么，在这么短的时间里认定就是讨赏者偷了他的表？

过独木桥

妞妞跟着挑着箩筐的爸爸过独木桥，走到桥中间的时候，迎面走来一个小男孩牛牛。妞妞和牛牛谁也不肯让谁，妞妞的爸爸怎么劝说也不行，于是他急中生智，想出了一个办法，使他们各自过去了。你知道应该怎么做吗？

标点的妙用

标点不仅仅应用在写作中，正确使用标点符号对解数学题也有很大帮助。下面是一道没有标点的古代数学题，你能正确标出标点，然后计算出来吗？

"三角几何共计九角三角三角几何几何"

令人失望的"海归"

在摩洛哥城，有一位具有相当地位的贵夫人特意从美国弄来一条小狗克莉。克莉不亚于名犬拉西，夫人设法把它培育成世界第一流的名犬，专送到德国哈根贝克"留学"，因为那里有世界著名的动物园。训练完毕，回到夫人身边的克莉不知为什么主人的话一句也不听，更不要说什么技巧动作。可是，从哈根贝克动物园的来信中清楚地写着："只要主人吩咐，动作大体上都能做得出来。"真是怪事，夫人完全陷入思考之中，到底为什么呢？

破译密码

一天，某军总司令部截获一份秘密情报。经过初步破译得知，下月初，敌军的三个师团将兵分东西两路再次发动进攻。在东路集结的部队人数为"ETWQ"，从西路进攻的部队人数为"FEFQ"，东西两路总兵力为"AWQQQ"，但到底是多少却无从得知。后来，苦思不得其解的密码竟然被

其他想象类游戏

· 175 ·

一位数学老师破译了。你知道数学老师是怎么破译的吗？

🔍 蟑螂的启示

湖面上漂浮着一具男尸，看上去很像是溺水自杀。公安人员接到报案后，迅速赶到现场。尸检时，在被害人的内衣里发现了一只蟑螂。

刑警队长立刻断定说："这个人是在室内被杀死，然后转移到湖里的。"请问，队长的根据是什么？

🔍 过　关

在古代欧洲某个地方有这样一个规定：商人带着商品每经过一个关口，就要被没收一半的钱币，再退还一个。有一个商人，在经过10个关口之后，只剩下两个钱币了，你知道这个商人最初共有多少个钱币吗？

🔍 白纸遗嘱

作曲家简和音乐家库尔是一对盲友。简病危时曾请库尔来做公证人立下一份遗嘱：把简一生积蓄里的一半财产捐给残疾人福利机构。随即让他的妻子拿来笔和纸，以及个人签章。他在床头摸索着写好遗嘱，装进信封里亲手密封好，郑重地交给库尔。库尔接过遗嘱，立即专程送到银行保险箱里保存起来。几星期后，简死于癌症。在简的葬礼上，库尔拿出这份遗嘱交给残疾人福利机构的代表手中。但当代表从信封中拿出遗嘱时，发现

里面竟然是一张白纸。

库尔根本无法相信，简亲手密封、自己亲手接过并且由银行保管的遗嘱会变成一张白纸！这时来参加葬礼的尼克探长却坚持认定遗嘱有效。众人都疑惑不解地看着尼克探长期待着他的解释。你认为探长会怎么解释？

荒谬的法律

古时候，有一个国家的国王为了让更多的男人能有更多的妻子，就颁布了这样一条法律：一位母亲生了她的第一个男孩后，她就立即被禁止再生小孩。这样的话，有些家庭就会有几个女孩而只有一个男孩，但是任何一个家庭都不会有一个以上的男孩，所以，用不了多久女性人口就会大大超过男性人口了。你认为这条法律可以实现他的"愿望"吗？

珍珠项链

警察甲、乙在讨论刚接手的谋杀案。一个寡妇死在梳妆台前，头部被击，几乎没有线索。"你注意了吗？死者手里抓着一串珍珠项链。"

"人是死在梳妆台前，她是正在打扮时被害的，当然拿着项链了。"

"不，死者脖子上有项链，她不会再戴呀。"

"可能凶手也是个女人，她在搏斗中揪下了项链。"

"也不对，项链很完整。我以为这是死者在暗示什么，一定与凶手有关。""凶手？刚才邻居说这个女人信佛讲道，接触的除了和尚，就是算命的，谁戴项链呀？""谁戴……我好像明白了。"

凶手是什么人呢？

黑色星期五

如果 4 月 13 号是星期五，那么距离下一个黑色星期五有多少天？

竟然没事

阿飞是一位优秀的空降兵。有一次，他乘飞机去执行一项任务。飞机飞上高空不久，阿飞从飞机坐椅上跳了下来，降落伞没有打开。可奇怪的是，他却安然无恙。你知道他有什么神奇的本事吗？

找快乐数

知道什么叫快乐数吗？一个数将它每位数的数字平方，再加起来，然后重复前面的程序，如果最后能得到1，那么，这个数就是快乐数。以 139 为例：

$1^2 + 3^2 + 9^2 = 91$；$9^2 + 1^2 = 82$；$8^2 + 2^2 = 68$；$6^2 + 8^2 = 100$；$1^2 + 0^2 + 0^2 = 1$，所以 139 是快乐数。

你能找小于 20 以内的快乐数吗？

激发想象力

让你的朋友迅速作出反应，很快地说"白色"这个词 15 遍，在这个过程小，让他把"白色"与"母牛"联系起来然后让他不假思索地回答下一个问题——"牛喝什么？"

奇怪的经历

有一个人曾经有过这样的经历：他和很多人乘在一条船上，他们在打牌或者喝咖啡。这时船慢慢沉了下去，但是没有人惊慌，也没有人去穿救生衣，或者上救生艇上逃命，大家还是按照原来正在做的事情继续做下去，直到船沉没了。你知道这是为什么吗？

🔍 邻居的房子

隔壁邻居魏奶奶是一个孤寡老人，她的房子上面有几个地方破了，但是这房子有的时候漏雨，有的时候不漏雨，你知道这是为什么吗？

🔍 大事化小的事故

有一个粗心的驾驶员引发了一场事故。好在，他和另一辆车上的驾驶员都未受伤，但不幸的是，另一辆车上的乘客被严重撞伤，失去了双腿。

这件案子的审理结果，居然只是罚了这名粗心的驾驶员一点钱而已。为什么法官会如此仁慈呢？

🔍 新潮的时装

周小姐是一个很时尚的人，她经常买很新潮的衣服。但是，每次当她穿上自己刚买的新衣服的当天，她总会看到和她穿完全相同服饰的人，但是周小姐从来没有为这件事情烦恼过，而且每次都很开心的。这到底是怎么回事呢？

参考答案

夫妻的共同点

他们是同年同月同日同时结婚的。

调皮女孩的年龄

是有可能的。如果这个女孩的生日是 1 月 2 日。回答这个问题的日子是 12 月 31 日，那么，她去年的元旦为 19 岁，今年为 20 岁，过了明天就是 21 岁，后天是她的生日，那时她就是 22 岁了。

没有脚印的美女

那个女孩是倒着走路的。

电话事件

他 5 次都拨到了空号上面，这时总台就会传过来一个女性的声音告诉他让他查证后再拨。

天气预报

直线思考者通常会随着题目叙述，回答"不知道"、"可能会出太阳"等答案。但此题必须考虑到地理情况。意即假设是发生在极圈的话，就会出现太阳；但若是其他地区，由于再过 72 小时后，也就是 3 个昼夜，又是半夜 12 点，因此太阳是不会出现的。

不掉牙的老头

他 50 岁前牙就全掉光了。

赫尔小姐的罗曼之夜

当后面汽车强烈的灯光射来时，是看不清坐在后面汽车里的人的。哈林顿说他看见了盗贼巴比伦，完全是别有用心的。

中选的新部门经理

提名最多的第二候选人。

老警察智辨狗公主

狗儿撒尿的习惯有公母之分，只有公狗才会抬起后腿。小青年说这只小公狗是他家的小母狗"公主"，恰好暴露了自己的小偷身份。

眼见万里长城

他是个宇航员，站在月球上，从那里看到了中国的万里长城。

容貌变形之谜

因为照的是字，而不是容貌。对目和口来说，因其字形的特殊，所以照时依旧还显示的是目和口的原字形。但对鼻子和耳朵来说，就不同了，鼻字和耳字却变成了反字。

穿越森林

最多走进森林的一半，因为再往前走就不是"走进"，而是"走出"。

两岁山

当地人将最前面的"12"当作12个月，把后面的"365"当成一年的365天。因此前后相加，正好是"两岁"。

被雨淋反而高兴

小王在下雨前不小心掉到河里了，现在正好下雨，见到他的路人还有

其他想象类游戏

他的父母都不会知道他曾经掉到河里这件事情了。

最好的方法

小华只要站在门口大声喊小明的名字就可以了。

喝咖啡

一杯咖啡。

太贵的算命费

他已经问过两个问题，所以不能再问问题了。

古老的谜语

谜语的关键在于复数的运用。他没有双眼，但有一只眼睛。他看到树上有很多李子，他摘下一部分，还留下了一部分。因此，是他摘下了李子又留下了李子。

臭名昭著的驾驶员

约翰近20年都没有开过车。

假钞制造者

因为他是一个色盲。

结核病死亡率

正因为这里环境优美，卫生条件好，空气好，所以有很多的肺结核病患者来这里养病，病人有重病不治而死亡，增加了这里的死亡率。

存放的地方

因为215页和216页是在同一张纸上的，是一张纸的两面，中间是不能夹任何东西的。

高血压的症状

怀特是一只长颈鹿，长颈鹿的平均血压是人类的 3 倍，因为长颈鹿必须把血液打上长长的脖子。

出国旅行

小李是个婴儿。

出国的人

他是一个外国人，来中国留学。

没有铁轨的铁路

他所说的 1 千米指的是铁轨之间的缝隙加起来有 1 千米，因为每两根铁轨之间都有一定的缝隙。

残酷的战役

他们进行的是国际象棋比赛。

逃跑的人

水很浅的话，他可以直接趟过去；如果很深的话，那他只有昏过去了。

划拳喝酒

乙不可能赢一次。因为甲会一直出石头，无论乙出什么，都是他输。

分钱的速度

给甲的箱子里的一元钱是硬币，两元钱是纸币，所以很容易分辨；给乙的钱都是纸币，所以乙只能根据大小来分辨。

好心人的狠心

赵先生是公交车司机，他不能将自己的位置让给老人。

其他想象类游戏

咖啡杯里的手机

可能，杯子中的咖啡是固体粉末。所以，梅根的手指和手机都没有湿。

请病假

圆珠笔如果倒着朝上写字，墨水会因逆流而很快写不出字。

挑选理发师

由于镇上只有两位发型设计师，他们必然是替对方剪发，婉婷挑选的是给对方剪出最好发型的设计师。关于题目对两位设计师的形象叙述，容易混淆人们思考而多作联想，导致判断错误。

比赛的得分

任何比赛之前都是没有比赛得分的。

近视眼购物

眼镜框。因为李明是深度近视，一拿掉眼镜几乎看不见，如果不戴隐形眼镜，自己就不能确定购买的镜框是否美观、合适。

被偷的小偷

时髦小姐。因为如果是另两个人的话，他们应该连那位小姐的钱包一块偷走才对，就算他们不全偷，他们也不知究竟哪个钱包是羽根的。

糊涂岛上的孩子

今天就是星期天。他们真是够糊涂的，竟然在星期天早晨去上学！

悬赏启事讨赏露馅

汤姆是个智商偏低的人，他没有把伯恩斯坦的住址写进启事中，启事里只有电话号码和汤姆的名字。如果讨赏者只看启事的话，是不可能知道当事人的住址的。讨赏者一定是偷了伯恩斯坦医生的怀表，并一路跟踪找到医生的住址，然后等候悬赏启事的。

过独木桥

姐姐的爸爸把两个小孩放进两边的箩筐里，转一个身，两个小孩就互相换了位置，各自过桥了。

标点的妙用

《三角》、《几何》共计九角，《三角》三角，《几何》几何？
《几何》书价是六角。

令人失望的"海归"

这条狗在哈根贝克是用德语训练的，听不懂夫人的话，是理所当然的。

破译密码

$E = 7$，$W = 4$，$F = 6$，$T = 2$，$Q = 0$，东路兵力是 7240，西路兵力是 6760，总兵力是 14000。

细心分析，可以发现只能是 $Q + Q = Q$，而不可能是 $Q + Q = 20$，故 $Q = 0$；

同样，只能是 $W + F = 10$，$T + E + 1 = 10$，$E + F + 1 = 10 + W$。

所以有三个式子：

（1）$W + F = 10$

（2）$T + E = 9$

（3）$E + F = 9 + W$

可以推出 $2W = E + 1$，所以 E 是单数。

另外 $E + F > 9$，$E > F$，所以推算出 $E = 9$ 是错误的，$E = 7$ 是正确的。

蟑螂的启示

蟑螂不在野外生存，因此，被害人是在室内被杀害并滞留，在此期间蟑螂钻进了尚有体温的尸体。

过　关

商人最初就只有两个钱币。

白纸遗嘱

其实，简的妻子为了保住遗产，故意把没有墨水的钢笔递给简。由于库尔和简都是盲人，自然也就没有发现，没有字的白纸最终被当成遗书保存下来。

可是，虽然没有字迹，但钢笔划过白纸留下的笔迹仍然存在，如果仔细鉴定是可以分辨出来的，所以遗嘱仍然有效。

荒谬的法律

不可能。

按照统计规律，全部妇女所生的头胎男女比例各占一半。如果母亲生了男孩就不能再生孩子。生女孩的母亲仍然可以生第二胎，比例是男女各占一半。生男孩的母亲退出生育的队伍，留下来的仍然可以生第三胎。在每一轮比例中，男女的比例都各占一半。因此，将各轮生育的结果相加起来，男女比例始终相等。当女孩们成长起来成为新的母亲时，上面的结论同样适用。

珍珠项链

珍珠项链暗示的凶手是和尚。和尚总是戴着珠串，算命的是不戴的。

黑色星期五

如果4月13号是星期五，那么下一个13号且是星期五的应为7月13号，相距91天。

竟然没事

别去想他有什么神奇的本事了，他只是做了一件连你也能做到的事，即他是从坐椅上跳到了机舱里，当然不用担心安全问题了。

找快乐数

1，7，16，10，19。

激发想象力

毫无疑问，答案应当是"水"，这是智力正常的人都知道的。可是，大多数人在被问到这个问题时却会错误地说"牛奶"。

奇怪的经历

他和这些人是在潜水艇里。

邻居的房子

下雨天漏雨，晴天不漏雨。

大事化小的事故

另一辆车是灵车，车上的乘客早就去世了。

新潮的时装

她看到的是映在镜子中的自己。

其他想象类游戏

学习生活中的游戏

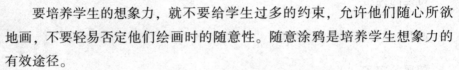

美术课上的游戏

一、随意涂鸦

要培养学生的想象力，就不要给学生过多的约束，允许他们随心所欲地画，不要轻易否定他们绘画时的随意性。随意涂鸦是培养学生想象力的有效途径。

小学低年级是学生利用美术这种符号表达自己感情的时期。因为这时，学生的文字、语言表达还不能运用自如。对于这个时期儿童的作画，教师不能一味要求其真实性，而应肯定他们表现的合理性，允许他们随意地想象、创造。例如：在涂画苹果时，他们会用自己喜爱的色彩涂成黄色、红色、绿色、紫色和黑色的苹果。而教师应全部给予鼓励，可以说："××同学画的黄香蕉真香"、"××同学画的红富士真脆"、"××同学画的黑苹果是宇宙外星人的美味水果"，等等。

小学中高年级学生，随着年龄的增长，对绘画可能受到一定的条框限制。作为教师应该有意识地培养其想象力：

如：随意泼墨。要求学生上课时准备好自己喜欢的颜料水，在白纸上随意泼洒，泼后认真观察纸上的形象与什么相似（动植物或风景），并为其命名。每月一次的随意泼墨能引发学生丰富的想象。如：让学生用铅笔在纸上随意在不同方向涂，即用素描的手法随意画，并命名。将有创意的画在教室学习园地展览。通过这些活动激发学生的联想、想象能力。

二、欣赏名画

美术欣赏的过程可以培养和锻炼学生联想与想象的过程。艺术作品欣赏是一种精神与心智活动，带着对名画崇敬的心情欣赏就会产生不同的感想，引发联想，从而增强学生想象力。

美术欣赏分为：直觉——再现——深入本质三个阶段。如：《艰苦岁月》表现了坐在石头上的一老一少两个红军战士，他们衣衫褴褛，赤脚，但老红军却极有兴致地在吹笛，而小红军则悠然陶醉在笛声中。《艰苦岁月》塑造的两个红军战士随时准备战斗，两个战士的神态表现了革命乐观精神。另外通过两个战士可想象到千万个红军战士。

三、创设情境

在课堂上借助多媒体、录像、讲故事、听音乐等情境培养学生想象力。学生想象力受环境的影响，教师适当创设情境能激发学生丰富的联想。

借助多媒体、录像可以让学生获得多种形态的某一物象，创作的画就不会千篇一律。例如：看一段《西游记》，学生就会根据自己的视觉、听觉和想象画出神态动作各异的孙悟空。再如让学生看一段云南蝴蝶汇集的录像，学生就能画出千姿百态、五颜六色的蝴蝶。

创设讲故事的情境，学生们也能根据故事内容，通过想象画出自己心仪的图画。例如，讲《卖火柴的小女孩》《孔融让梨》《司马光破缸救人》等故事，学生都能画出具有创意的图画。

美术课堂让学生听音乐，对学生想象力的培养也非常有效。音乐是一种声音的艺术，又是一种很富感染力的感情语言。例如，学生听贝多芬的《命运》、柴柯夫斯基的《天鹅》、民乐《喜洋洋》《百鸟朝凤》《二泉映月》等，都能根据音乐表现的内容，通过想象，创造出具有不同色调和创意的图画。

四、补画命名

培养学生想象力要循序渐进。教师若能给出一定图案，让学生在画面上补充一部分，并给自己的画命名，这对培养学生想象力能起到良好的效果。

例如：教师在画面的上部画一只猫，让学生补画命名。学生有的画《百猫图》，有的画《猫跳高》，还有一位学生在猫身下画了一根钢丝，将画

学习生活中的游戏

命名为《杂技表演》，真是联想丰富。可见补画命名是培养学生想象力的有效方法。

五、古诗配画

文学艺术特别能启发人的联想和想象。小学语文课本上的古诗更是文学中的精品，古诗有易记、精练、易引发联想和想象力的特点，儿童在古诗的意境感应下，能再造或创造出各种各样的形象。古诗配画中，我们要遵循循序渐进，先具体后抽象，先易后难的原则。

例如，根据骆宾王的《咏鹅》、贺知章的《咏柳》、王之涣的《登鹳雀楼》，学生都能比较容易地画出形态各异的物象。再如，根据林升的《题临安邸》、李绅的《悯农》、李白的《静夜思》，学生也能发挥想象，画出楼外楼的气势和汗滴禾下土的艰辛，以及低头思故乡的悠情。

六、命题作画

命题作画是小学高年级学生在具有一定绘画基础上，培养学生想象力的途径之一。命题要从实到虚，从近及远，分步骤培养。

首先，可以以《我的家》《我的学校》《春天》《家乡山水》等可感知的事物为题展开想象创作图画。

其次，可以以《蔚蓝大海》《万里长城》《红军长征》《未来的西瓜》等为命题，对从未见过但能够想象的事物进行创作。

第三，可以以《20年后的家乡》《30年后的我》《未来地球村》《宇宙之外》等为命题，想象作画。

 语文课上的游戏

《语文课程标准》指出："在发展语言的同时，要发展思维能力，激发想象力和创造潜能。"想象是学生创造力的萌芽，心理学研究证明，学龄初期，儿童的心理发展正处于想象力培养的黄金时期，这时候如果采用恰当的手段施以经常性的训练，就会收到事半功倍的效果。教师应在教学实践中，充分利用课堂主阵地，因势利导，努力挖掘教材中各种有利因素，培养学生的想象力。

一、利用课文插图，启发想象。低中年级的课文中，插图常常和文字一起组成看图学拼音、看图识字、看图学词学句、看图学文、看图说话等教学内容。凭借课文插图，指导学生仔细看图，多看多想，启发他们进行大胆想象，尽可能地让插图动起来。例如教学《雪地里的小画家》，引导学生凭借文字，借助画面，展开想象，想一想小动物快乐玩耍的情景，说一说还有哪些"小画家"？它们会画些什么？这样不仅延伸了课文的内容，而且增强了学生的学习兴趣，有效地培养了孩子们的想象力。再如在教学《乌鸦喝水》时，针对课文两幅插图，可以引导学生想象乌鸦为什么喝不着水，它后来又是怎么想到办法喝到水的，还有什么办法可以喝到水？教学《可贵的沉默》时，根据课文插图，引导学生想象当时教室里孩子们的神态、心理活动等。通过这样的训练，既提高了学生的想象力，又活跃了课堂气氛。

二、指导感情朗读，激发想象。低年级课文教学要多读少讲。指导朗读，不仅要从朗读技巧上指导，更要引导学生入情入境，要用朗读表达出思想感情来。老师在教《荷花》时，通过有感情的朗读，读出全文优美的基调，让学生感受大自然的美丽，鼓励学生大胆想象："这么多的荷花，一朵有一朵的姿势。"——它们都是怎么样的姿势？"我忽然觉得自己仿佛就是一朵荷花，穿着雪白的衣裳，站在阳光里。"——做一回荷花仙子，告诉大家你身边都发生了哪些故事？学生有的说：我听到岸上有人说话的声音，他们说："多美的荷花呀！真想采回家去。""不能采，荷花是让大家欣赏的！而且它以后还可以结成莲子！"有的说：我听到风姑娘说："哇！多么美丽的荷花呀！让我再让她们跳上一支欢快的舞蹈吧！"于是荷花跟着风姑娘一起翩翩起舞。还有的说：我听到池中水的说话声："看！长在我上面的荷花多么美丽呀！"他们的创造力和想象力令人惊叹不已。

三、抓住文中空白，丰富想象。好的文章像书法，有时密不透风，有时又疏可走马。作者常有意不把意思挑明说透，刻意留下"空白"，让读者揣摩，或因表达的需要，省略了一些内容，留下"空白"。在教学中，教师就应该用好这些"疏可走马"处，巧妙地激发学生展开想象，用创造的才智为这些"空白"添补亮丽的色彩。《雪孩子》一课，雪孩子是怎样救出小

学习生活中的游戏

白兔的没有直接表达，给学生留有想象的空间，教师抓住这一空白，启发学生想象，练习说话，体会雪孩子的勇敢和善良。《自己去吧》写到"过了几天，小鸭学会了游泳。""过了几天，小鹰学会了飞翔。"小鸭和小鹰在学习过程中，会遇到哪些困难文中没有描述，教师引导学生展开想象，补充空白。像这样留有艺术空白的课文，小学教材中还有许多，关键要靠我们教师是否能积极挖掘，把学生的思维推向高潮，使阅读教学的课堂，放射出亮丽的光彩。

四、引导仿写改编，展开想象。低年级课本中有许多优美的儿歌，它们具有鲜明的形象性，可以在学生理解诗歌主要内容的基础上，遇到他们进行仿写，展开联想和想象，使其渐渐进入诗歌的佳境。学了《听听，秋的声音》，以课文内容为例进行仿编仿写训练，学生思维的火花轻易地被擦亮了，其效果是非常明显的。比如：听听，秋的声音，柳树弯下腰脱下旧衣裳，"唰唰"、"唰唰"那是发给冬天的电报。听听，秋的声音，小蚂蚁在搬家，"一二"、"一二"吹响了过冬的号角。听听，秋的声音，小麻雀站在电线上呼朋唤友，"叽叽喳喳"、"叽叽喳喳"。听听，秋的声音，小青蛙加紧挖洞，"呱呱"、"呱呱"是和夏天告别的歌韵。秋的声音，在小朋友的眼睛里，在树林里，在果园里，在农家的粮仓里，在每一个丰收的喜悦里！教学中，都是可以就不同类型的课文引导学生进行改写，如：把常见的诗歌改写成记叙文；科学童话改写成说明文；根据课文故事的情节，顺其自然想象结果进行续写等等，使学生变复现式的记忆为创造性的发散性表达，让他们智慧的火花在想象的助燃下灿烂地迸发出来。

五、结合习作教学，培养想象。如果我们能抓住时机让孩子创造，在观察的基础上，以儿童已有的经验为基础，提供想象契机，让学生组合成新的形象，学生就能在创造中感受成长的快乐。有的孩子写《我是一只小小鸟》《我多么想有一对翅膀》《海底见闻》《假如我有一只马良的神笔》《未来的桥》等想象性作文，创造热情高涨，写得竟不肯搁笔，看他们的习作，作为教师深深地感受到了孩子的灵气、悟性和创造力，学生的思维活动进入了最佳的心理状态。

异想天开趣味无穷

1. 穿越另一个时间。在睡前，看你自己活在一个过去或未来的世纪里——或只简单地假装你早生或晚生了十年或二十年。

这种练习将容许你对"与时间分开的、你自己的内在存在"，有一个很好的主观感受。

2. 要鼓励创造力，把你的想象力用在破除你通常的时空焦点上。

当你快睡着时，想象你在同一个地方，就在同一位置，但却是在遥远的过去或未来的某一刻。你看到或听到什么？那儿有什么？

3. 想象你完全在世界的另一部分，但却在现在这个时刻，并问你上面同样的问题。为了变化起见，以你的心追随你自己前一天的活动。或把你自己搁在一周之后。

通常你是在公认的实相范畴里感知你的存在。这些练习将教你找到你对自己的感受，那是与公认的实相范畴分开的。用游戏的心情来做，这些练习将引动其他的创造性事件。

有一个内在的窍斗，容许你比现在对别人的感觉有更大的感受性。那窍门将被启用。

4. 在睡前，想象你的意识顺着一条路旅行，或横越世界。

忘掉你的身体，但别为这练习试着离开它。告诉你自己你在想象中旅行。

如果你选了一个熟悉的目的，那就想象你可能路过的房子。

不过，有时候，选一个不熟的地点比较容易，因为那样你一边做时，就不会想去考验自己，猜测想象的景致是否合乎你的记忆。

游戏的态度是最好的。即使你遇到似乎吓人的事，你也会认出它们是与儿童的游戏同属一类的。

人们常在身心俱感厌倦时，寻求戏剧性的张力。经由释放出因压抑性的习惯而被抑制的荷尔蒙，身体恢复了。

身体要求释放，心智亦然。一个吓人的梦甚或白日梦，都能达到那个目的。

学习生活中的游戏

父母给孩子讲故事

幼儿喜欢听故事，渐渐地，他们自己也会学着讲故事。他们的故事有各式各样的内容，可以是有教育作用的，有模仿别人的，也有自己编造的。

给幼儿讲故事可以培养幼儿的想象力，如为故事虚构景物、人物、声音、情境及气味等，这种想象力对孩子是十分有建设性的。虽然录音机也会讲故事给孩子听，但与父母相比，它缺乏与孩子之间的亲切感和交流互动。

电视也是有教育作用的，也是可以模仿和创造的，但是这种创造总是第二手的，因为故事首先是出自于作者的大脑，而不是孩子们自己的。因此，这对幼儿想象力的培养没有多大的帮助。幼儿的学习能力很强，但从电视上学习只会将幼儿变成一个被动的接受者，而不是参与者，是一个世界的旁观者而不是创造者。

所以，最好还是父母亲自给孩子讲故事比较好。

陪幼儿玩想象力游戏

一、扩大幼儿视野，丰富幼儿感性知识和生活经验。

想象虽然是新形象的形成过程，然而这种新形象的产生也是在过去已有的记忆表象基础上加工而成的。也就是说，想象的内容是否新颖，想象发展的水平如何，取决于原有的记忆表象是否丰富，而原有表象丰富与否又取决于感性知识和生活经验的的多少。

因此，知识和经验的积累，就是幼儿想象力发展的基础。在实际工作中，要指导孩子去感知客观世界，使其置身于大自然中，多让他们去看，去听，去模仿，去观察，通过参观、旅游等活动开阔幼儿的视野，积累感性知识，丰富生活经验，增加表象内容，为幼儿的想象增加素材。

比如，老师带领小朋友户外活动时，当看到蓝蓝的天上有片片白云时，有个小朋友不禁大声喊："老师，我真想采下一片白云。"老师问"为什么啊？""我想吃啊，好甜。那是棉花糖啊！"老师抬头望去，这片片白云蓬松、柔软，多像一块棉花糖！看来这个小朋友一定经常吃棉花糖。

而另一个小朋友则说："那不是棉花糖，那是我爷爷放的一群绵羊。"原来这个小朋友的爷爷在农村，养了一群羊，怪不得幼儿对羊的记忆表象特别清晰。可见，幼儿的感性知识和生活经验，对幼儿的想象是很重要的。幼儿个体的经历不同，想象的内容也有区别。

二、充分利用文学艺术活动，发展幼儿的想象。

幼儿园都开展了一系列的文学艺术活动，这些活动的开展有助于想象力的培养。

首先，幼儿想象力的发展离不开语言活动。想象是大脑对客观世界的反映，需要经过分析综合的复杂过程，这一过程和语言思维的关系是非常密切的。通过言语，幼儿得到间接知识，丰富想象的内容，幼儿也能通过言语表达自己的想象。

在教学活动中，学习故事、诗歌等可以丰富幼儿的再造性想象，激发幼儿广泛的联想。比如在学习故事《小鼹鼠要回家》时，小鼹鼠克拉在外面蹦蹦跳跳地玩，迷路了，怎么办呐？

教师可以通过诱导启发式的提问，开拓幼儿的想象，幼儿会争先恐后为小鼹鼠想办法，有的说小鼹鼠可以找警察叔叔啊，有的说小鼹鼠可以拨打110啊！

有的则说，搭辆出租车吧。有的则说，雷锋叔叔就爱送迷路的孩子回家……幼儿各抒己见，展开了丰富的想象，从而想象力也就得到不同程度的发展。

其次，美术活动更为幼儿的想象插上理想的翅膀。特别是意愿画，可以无拘无束地发挥幼儿的想象力，构思出奇特、新颖的作品。教学过程中教师要激发幼儿的灵感，放飞幼儿的想象，点燃幼儿创造的火花，鼓励幼儿大胆做画，让幼儿充分发挥自己的想象力，创造出优秀的作品来。

要评价幼儿的美术作品，也不能以成人的眼光，更不能以"像不像"

为标准。即使幼儿画的四不像，也要与幼儿交流，知道幼儿所想。

比如，一次孩子们画意愿画《梦》，有个小朋友画上了月亮还有星星，并且画得月亮有个大缺口。说月亮不像月亮，说星星又没有棱角，老师就问："你怎么把月亮画成这样子啊？能告诉老师是为什么吗？"小朋友受到鼓励，表达了自己的想象："我奶奶说，天狗吃月亮，就是从这儿咬了一口。"小朋友边说边得意地指着缺口。

再次，音乐舞蹈活动也是培养幼儿想象力的重要手段。通过对音乐舞蹈的感受，幼儿可以运用自己的想象去理解所塑造的艺术形象，然后运用自己的创造性思维去表达艺术形象。

比如，音乐欣赏时老师放一段音乐，让幼儿去听、去想、去思考，当教师播放情绪激昂的进行曲时，孩子们会雄赳赳气昂昂地大踏步前进，还说自己是解放军、自己是小海军等。当你播放一段轻音乐时，孩子们会很安静，有的说："老师，我做了个梦，梦见自己变成了个蝴蝶，在花丛中飞啊飞啊，我好美啊。"在优美的音乐中，幼儿的情绪兴奋愉快，想象力得到尽情的发挥。因此说，音乐和舞蹈也为幼儿提供了想象的空间，培养了幼儿的想象力。

三、游戏可以推动幼儿的想象，使其处于活跃状态。

在游戏过程中，幼儿可以通过扮演各种角色，发展游戏情节，展开自己的想象。

比如，在开火车的游戏中，幼儿会骑在小凳子上，嘴里边叫着"笛笛……嘟嘟……"边唱着儿歌："一列火车长又长，运粮运煤忙又忙，钻山洞，过大桥，呜——到站了——"你瞧，幼儿已经置身于自己的想象中去了，俨然就是一名列车员。幼儿园应当经常开展这样的游戏活动，把幼儿的思维和想象充分调动起来，在轻轻松松的游戏氛围中，想象力得到充分的发展。

四、玩具在幼儿想象中的作用也不可忽视。

玩具为幼儿的想象活动提供了物质基础，能引起大脑皮层旧的暂时联系的复活和接通，使想象处于积极状态。玩具容易再现过去的经验，使幼儿触景生情，从而展开各种联想，启发幼儿去创造，促使幼儿去想象，有时幼儿可以长时间地沉湎于自己的玩具想象中。

比如幼儿抱着布娃娃做游戏时，会把自己想象成"爸爸或者妈妈"，还会自言自语地说"娃娃不哭，妈妈抱抱，娃娃睡觉"等。这些有趣的游戏，能够活跃幼儿的想象，促进幼儿想象力的发展。

五、创造条件，让孩子们异想天开。

给幼儿自由的空间，包括思想上的、行为上的，不要定格幼儿的思维，更不要扼杀幼儿的想象。让孩子们异想天开。传统的教育往往很死板，直接告诉幼儿天是蓝的，太阳是圆的。

这样不好，没有留给孩子想象的空间，扼杀了孩子想象的天性。当今的素质教育，正是开发幼儿的创造性思维，培养孩子的创造性想象。歌德的妈妈就很注重孩子想象力的培养。歌德小时候，妈妈给他讲述故事时，讲一段总是停下来，让歌德自己去想象故事的未来，也许正是基于这种想象力的培养，最终使歌德成为世界上著名大作家。

可见，幼儿想象力的培养不仅很重要，还关系到孩子今后的发展。因此，在实际工作中，我们要创造各种条件，让孩子们异想天开，充分发挥其想象力。

随时玩的想象力游戏

1. 看看天花板的污渍或云朵的形状，然后在脑海中描绘出它的形象。不光只是做一次或两次，做了好几次后，就会出现效果。

2. 在公共汽车车厢，看见某杂志周刊的广告，或是看了某本书的题目，便想象其中的内容，然后，与实际的内容做一比较检查，如此一来，就可以充分地把握自己的想象力。

3. 看书时，采用跳读方式。跳过的地方，运用想象力想象它的内容。

4. 看过电视转播的运动比赛以后，想象第二天报纸的标题，以及报道内容。

5. 以琐碎的小事和资料为基础，创造出一个故事。

6. 和人见面以前，事先预想会面对的状况，并且设想问题。

7. 对于尚未去过的地方，想象它周围的风景、建筑的样式，以及室内的摆设。

8. 边看推理小说，边推测犯人。

9. 从设计图、地图、照片，想象实际的情况、实际的地方和事物。

10. 重视联想。如果开始联想，中途绝不要打断，要一直想到极限。这种飞跃性的联想是个好办法。